U0114373

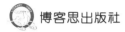 博客思出版社

生活旅遊系列

環遊歐亞
80天

黃新庭 著

推薦序

Just do it!

　　作者勇敢地追求自己的夢想！帶著妻子勇闖歐亞大陸 11 國 80 天！

　　他秉持著「做就對了！」的精神，在有限的時間裡，著手計劃了這八十天緊湊的行程！

　　年少時、有位偉大的探險家，曾經告訴我：「如果你不出去走走，你永遠不知道遠方的景色有多美，如果你不曾勇敢一次，你永遠不會知道旅行也會給你不少驚喜！」勇敢踏出第一步，這是旅行者都必須面對的挑戰與考驗！

　　旅行不只是看風景，而是不歇止地改變我們對於生活的想法，深刻又長久。

　　本書迷人的文字敍述和照片及美編的巧妙設計，會讓讀者身歷其境，我們一起和作者來趟奇特的旅程吧！

三立電視台～臺灣全記錄 主持人
臺灣唯一探險畫家　陶天麟

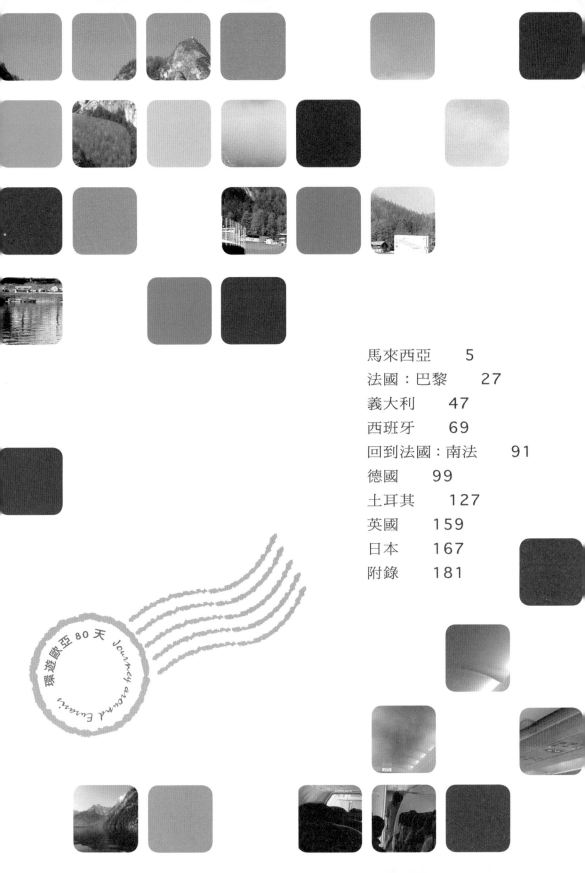

環遊歐亞80天 Journey around Eurais

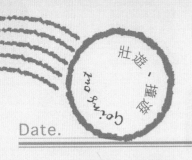

壯遊，權遊
Going out

作者自序
Preface

　　三十歲以前我從未出過國，直到公司派我到普吉島開會，才申請了我人生的第一本護照，有了第一次出國旅行的經驗。35 歲時，我已經累積了許多旅行的經驗，包括 2 天的韓國首爾自助行、8 天的希臘小島自助旅行，還有 16 天的中國西部旅行，每一次自助旅行的天數都成倍數成長。2011 年的夏天，在我的心中一直有一股聲音揮之不去，出國去探索世界吧！趁著我還能走的動，冒險的心還很火熱，我下一個挑戰的目標是去長天數的自助旅行。我告訴老婆這個瘋狂的計畫，沒想到老婆二話不說就表示贊同，希望我們能在還沒有小孩之前，來一趟長天數的自助旅行。

　　從開始有想法到成行，包括規劃行程、訂機票、飯店、辦簽證，大約經歷兩個多月

我們就出發了。其中我們捨棄了冰天雪地的俄羅斯、酷熱沙漠的埃及和北非的摩洛哥，規劃出環遊歐亞 11 國 80 天的旅遊行程。

這趟奇妙的旅行從台北出發，飛往陽光普照的沙巴小島，接著飛往馬來西亞的首都吉隆坡，再飛往法國巴黎，遊歷羅馬、佛羅倫斯、威尼斯，從西班牙的巴塞隆納前往馬德里、南法，再遊歷德國，包括薩爾斯堡和布拉格，隨後飛往土耳其遊歷，再來到英國，從羅馬轉機到日本大阪、京都，最後再回到台北。

語言能力不等於溝通能力，我們不可能學會所有語言，才開始執行我們遊歷各國的計畫，等到那時候都老了，但我們一定要學會用開放的心態跟外國人溝通，知道如何問路、找飯店和搭飛機，才能在各國暢行無阻。

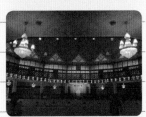

這本書是我遊歷歐亞各國的遊記，我希望盡可能將我所見所聞，呈現給讀者。好，你準備好要出發了嗎？

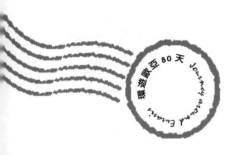

環遊歐亞 80 天 Journey around Eurasia

馬來西亞
Malaysia

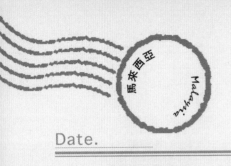

Date.

飛往沙巴
Sabah

　　第一次搭乘廉價航空，心中有點擔心會不會弄錯了程序，或是在網路自行列印的登機證到底行不行得通？一早來到松山機場的亞航（AirAsia）櫃檯，隊伍早已排成長長人龍，大部分是準備返家的馬來西亞人，亞航早就是他們返回馬來西亞十分熟悉的交通工具，此時我們的心情已經放鬆了不少，登機前拍下我們的合照，準備好要出發囉！

　　亞航的初體驗其實跟一般航空公司沒有什麼差別，主要就是機上餐點飲料都需要付費才能使用。抵達沙巴的亞庇機場已經下午一點多了，飯店的接機人員將我們的行李都搬上車，車子行駛出沙巴的機場，異國的景色也開始出現在我們眼前，公路的

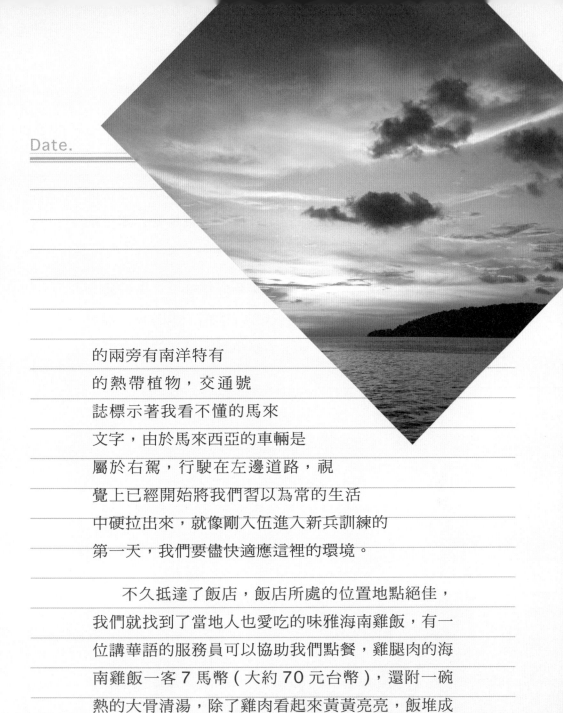

的兩旁有南洋特有
的熱帶植物，交通號
誌標示著我看不懂的馬來
文字，由於馬來西亞的車輛是
屬於右駕，行駛在左邊道路，視
覺上已經開始將我們習以為常的生活
中硬拉出來，就像剛入伍進入新兵訓練的
第一天，我們要儘快適應這裡的環境。

　　不久抵達了飯店，飯店所處的位置地點絕佳，
我們就找到了當地人也愛吃的味雅海南雞飯，有一
位講華語的服務員可以協助我們點餐，雞腿肉的海
南雞飯一客 7 馬幣 (大約 70 元台幣)，還附一碗
熱的大骨清湯，除了雞肉看起來黃黃亮亮，飯堆成
像金字塔狀，一邊沾著特製的醬料，將滑嫩的雞肉

和著飯放入口中，當地的海南雞飯果然好吃，煉奶加上阿薩姆紅茶所調配出的印度拉茶，更是令人讚不絕口。

　　晚餐後沿著海邊一邊看著夕陽美景，一邊散步。回到飯店後，我躺在床上看著行李箱，也跟我一樣體力不支地躺在地上，一種半夢半醒的感覺讓我漸漸地進入夢鄉。

神山驚魂記
Kinabalu

亞庇市區有前往神山的巴士，搭乘這種共乘的七人小巴士，車程大約兩小時，每個人 20 馬幣。與我們一起乘車的乘客還有三個金髮的老外背包客，其中兩位男性背包客，看起來就像是專業的登山客，衣著和裝備都有備而來。另一位二十來歲女性背包客，金髮碧眼但體型有點壯碩，背起大背包的感覺很專業。

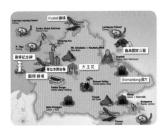

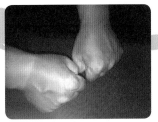

不一會我們聊起來，她告訴我們她準備在神山待上幾天，我從語氣中感覺到，她的旅遊行程不用很急促，漫遊在異國的旅行就是她現在主要的生活。車上還有另一位日本來的小女生，跟我們一樣都是東方人，顯然她並不多話，從她看的日文旅遊手冊，我想應該是日本人。旅途中與不同的人接觸，也是一種難得的體驗，無論

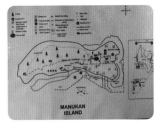

如何，這兩位不同國
家的東西方女子，能一個
人獨自在國外自助旅行實在
很勇敢。

　　一邊欣賞著沿途的景色，終於來到了神山國家公園
（Kinabalu Nation Park ）的入口處，此時開始飄起綿綿細
雨。我們進入神山國家公園的大門，山中的空氣有點濕潤，兩
旁的樹佈滿青苔，枝葉扶疏捲繞著樹籐，沉浸在充滿芬多精的
山林中，此時心情十分舒坦，或許走進大自然的行動本身就是
一種療癒，無論在城市中有多少心情上的不愉快，苦澀的，頑
固的，緊張的壓力，都在這
裡給釋放了。在大自然
中，我們的想像力漸
漸恢復，突然間，
我們注意到路旁有
一條小徑，就決
定走進去看看，
不一定能發現什
麼桃花源。

　　沒想到這條步道真的很原始，走著走著就進入了一個原始的熱帶雨林，如果這時候有一條蟒蛇，從樹枝上垂掉下來出現在我們面前，其實一點都不突兀。大約走了十幾分鐘，原始叢林的景色開始使我的內心驚恐了，因為一直走也沒有看到任何人在我們前面或後面，走到叢林更深處，已經都是泥濘路了。這時候已經沒有遊玩的興致了，只想趕快走出這座嚇人的原始叢林！走了半個小時，終於又回到步道的出口，原來出口就在神山國家公園的大門附近，我們竟然從密道又走到神山國家公園外面。身處在原始熱帶雨林的體驗還真的是挺緊張的，也許這才是我們來到神山應該有的體驗！

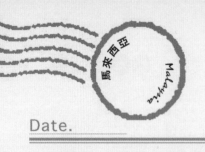

Date.

東姑阿都秀曼
國家公園

Tunku Abdul Rahman Marine Park

　　如果說這趟旅行所安排拜訪的每一個國家都要找一個必訪的景點，由五個小島所組成的東姑阿都秀曼國家公園（Tunku Abdul Rahman Marine Park ），有藍天、碧海、魚群、沙灘，由這些元素所組成的海灘，就是旅人必訪的渡假天堂了！

　　來到遊艇碼頭買了船票，我們選擇了馬魯干島（Manukan）。開船的時間一到，就跟所有遊客一樣穿上救生衣，坐上大約可載 20 人的中型遊艇，只看見岸邊的景物越來越遠，飯店也越來越小，直到遊艇的馬達聲音開始靠岸而隆隆作響，我們來到了海上的世外桃源，馬魯干島。

上岸第一個接觸的景象，是由木頭所搭建的碼頭步道，低頭可以看到許多熱帶魚，在碧綠的水裡游來游去，海水清澈地可以看到水底的細沙，被浪花輕柔地捲到沙灘上，遊客們早已迫不及待地換上戲水的裝備，潛進海裡融入魚群，成為海洋世界的一份子。我戴起墨鏡，看著陽光撒落在沙灘和一片碧海，此時此刻只適合脫下上衣迎接海風徐徐吹來，坐在躺椅上看著整片的大海與沙灘，偶爾眼睛的餘光也會被穿著泳裝的遊客給吸引過去，然而一切的景色都是如此自然，我穿戴上浮潛的裝備，潛入這片美麗的海灘，好奇地看著魚群在身邊游來游去，所有煩擾俗事的羈絆都不重要了，心胸大大地開放，完全地接收海洋傳遞的自然能量。

隨著陽光漸漸減弱，我們乘坐遊艇慢慢地駛回亞庇市區的乘船碼頭，沿著岸邊散步回飯店，一邊欣賞著夕陽美景，一邊看著遠方的東姑阿都秀曼國家公園群島，已經不像幾天前那麼陌生了。

國慶日遊行
Hari Merdeka

一早起來看到飯店很貼心的準備了華文的日報，我好奇地拜讀了一番，原來今天是馬來西亞的國慶日，也是他們宣布廢除內安法，人民開始有組黨和發表言論的自由。報紙上報導了許多中國、香港、新加坡等國家重要的新聞，相信這份報紙的讀者，有許多是生活在馬來西亞的海外華人。坦白說，我不知道生活在一個島國的我們，應該是覺得很幸福還是很可惜，島國的特性讓我們很安全，但也比較封閉，除了夾在美中日三個強權大國中求生存，我們不太需要強迫自己去接觸馬來人、印度人或是其他的外國文化和語言。然而，這裡的華

人卻不一樣，我看到有些華人會學馬來話跟當地人溝通，同時生活中也時常會接觸到印度人，或是其他的外國人。我覺得生長在台灣的年輕人真的很幸福，但是想要更有國際觀，就得要靠自己走出來看世界！

離開飯店後來到亞庇市區（Kota Kin-abalu），很幸運地看到如同閱兵典禮一樣的隊伍，正在沙巴市區遊行。不同的軍種穿著的軍裝樣式都不一樣，有的穿著全身紅色的軍裝，有的穿著藍色筆挺的西服軍裝從我們面前神氣地走過，還有全副武裝荷槍的迷彩野戰部隊，和吹奏著樂器的軍樂隊，浩浩蕩蕩地從大街上

走過。道路兩旁塞滿了圍觀的民眾,許多人拿起相
機不想錯過這個精采的時刻,我們慶幸能夠趕上馬
來西亞這個具有紀念意義的大日子!有趣的是人民
也將自己的金龜車披上馬來西亞的國旗,組成一個
金龜車隊一起出來遊行慶祝國慶日,一直到所有遊
行隊伍都走完,民眾才漸漸散去。

馬來西亞 Malaysia

Date.

鐵腿的吉隆坡
市區行

Downtown
Kuala Lumpur

一早到了吉隆坡最著名的雙子星塔 KLCC 廣場，廣場內部是明亮而現代化的購物中心，我們在美食街繞了兩圈，覺得每一家看起來都很有特色，有檳城料理、有印度拉餅、有新加坡口味的咖哩海鮮麵，有許多我沒看過的特色糕點。對於吃慣台式早餐的我，今天終於可以換個選擇，吃看看印度的拉餅早餐搭配拉茶是什麼滋味。看著隔壁餐桌的印度人很自然地用手抓起拉餅，輕輕地沾一下特製的咖哩醬，我也有樣學樣，大口吃餅大口喝拉茶，十分滿足

地用完我們在吉隆坡的第一頓早餐。

　　經過前一天搭乘捷運的訓練之後,我們已經了解到在一個陌生的城市要生存下來,一定要先學會搭捷運。離開雙子星塔之後,搭乘捷運來到茨廠街(Jalan Petaling),也就是所謂的唐人街,才剛離開捷運出口,就看到一群人圍著一台小發財車,走近一看才知道這台發財車搭載了熱粥,正在將食物分送給排隊的

遊民，這樣的街景好像在各地越來越不
容易看到，看到街頭有人傳遞愛心，我
也感受到布施者的那份溫暖。

　　隨後我們就找到了茨廠街的入口，
其實挺像台灣的觀光夜市。來到茨廠街
可以吃到一些中華小吃，由於老婆曾經
在香港上班一段時間，因此也會說廣東
話。她用粵語點了一碗豆花，華人老闆
也覺得很親切，跟她多寒暄了幾句，我
發現老婆的豆花果然也大碗一些，在這
裡說粵語，真的比我用普通話吃香多了！

我們沿著地圖指示來到了
中央藝品市場，內部有許多古
典的、西洋的、現代的手工藝
品，許多外國遊客也愛來這裡，
我們走馬看花一不小心就走
出這個藝品市場，這個商場真
是小而美！沿著街道我們又走
到了離小印度區不遠的一個印

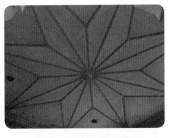

度廟，走著走著便開始下起大
雨，只好在廟前躲雨。等到雨
勢稍小，我們又搭乘捷運來到
馬來西亞的獨立廣場（Dataran
Merdeka）。廣場中央聳立著
一根十分高大的柱子，上面懸
掛著馬來西亞國旗，廣場的四
周是一座十分具有特色的高等
法院，外部都懸掛著國旗。

我們又前往下一個地點 Bukit Bintang。自助旅行其實真的很需要腿力，不僅僅是找飯店、找景點、逛博物館，甚至逛街都需要十足的腿力，才不致於心有餘而力不足！Bukit Bintang 原本只是一個平面地圖上的小點，在我們的行程規劃也算是一個可有可無的景點。沒想到來到 Bukit Bintang，對於吉隆坡又產生完全不同的印象，新穎的購物中心商場林立，街道上的人潮絡繹不絕，有馬來人、有華人、有印度人、有歐美人士，相當國際化，你最好多學幾國語言才能跟更多人溝通，這裡就是一個小亞洲。今天逛了許多新穎的購物中心之後，兩條腿已經接近報廢，只好搭車回飯店，累癱在床上。

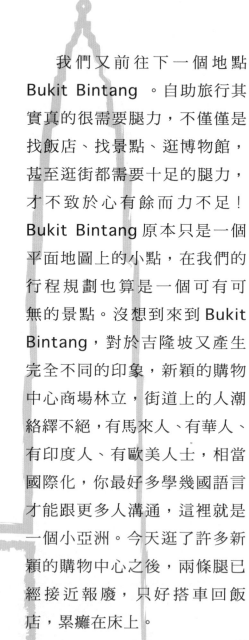

吉隆坡鳥園
KL Bird Park

　　據說吉隆坡的這座鳥園是亞洲第一大的鳥園，我們抱著興奮的心情來參觀這個鳥園。拉開鐵門後進入鳥園，有點像是進入了一個超級大鳥籠，不同顏色的鸚鵡就在我面前飛來飛去，一點都不怕人。隨著鳥園的通道一直走，白鷺鷥也一直尾隨在我的身後。我們看到了幾隻大型的犀鳥，頂著大大的喙在籠裡發出奇特的聲音，接著又有一群頂著爆炸頭的藍色大鳥，在地上用力地向前甩頭鞠躬發出求偶似的咚咚聲。在逛鳥園的過程，處處都有令我驚奇的鳥類。水池邊出現了一群非洲的長腳紅鶴，正當我試著抓取最好的角度去拍下一對軍艦鳥，在我的面前又出現一隻黑色的埃及班鳩在覓食，用牠長

長的喙從土裡啄出一隻蚯蚓。幾乎在同一個時間，工作人員餵食鳥群的時間到了，他倒了一桶小魚來餵食這些鳥類，讓我得以更近地觀賞牠們。然而，鳥類也是遵循自然的殘酷法則，通常大型的鳥類會自己先吃，旁邊的中小型鳥只能遠遠地乾瞪眼，如果不長眼的小型鳥飛過去搶食物，大鳥會立刻用尖嘴威脅要他們退下！鳥類的社會階層還挺明顯地，我們只是靜靜地看著大自然的法則就這樣在我們眼前運作著。

　　走到不同的區域就能看到不同的鳥類，有孔雀、有帝
雉、有貓頭鷹、有兇猛的白頭鷹，還有可愛的七彩大嘴鳥，
當我們看得入迷的時候，突然又有不知名的飛鳥從我們頭
上呼嘯飛過。我在都市裏學的技能在這裡全都派不上用場，
進入鳥園短短一個多小時，我們與這些自然的鳥類十分親
近，牠們帶領我們體驗自然世界的美好。此時腦中出現電
影阿凡達的情景，我心想阿凡達的導演是不是來過這個鳥
園，才有拍攝阿凡達這部電影的靈感呢？走著走著我看到
了彩冠的藍紫色大鳥，更加相信自己的推論！

離開鳥園的時候雨勢已經漸漸停了，也許是我們探索自然的心被打開了，接著我們就問當地人如何前往吉隆坡的動物園。坐了十幾站的捷運之後，再轉乘計程車，就來到了馬來西亞國家動物園（National Zoo of Malaysia）。馬來西亞有很豐富的自然生態，特別是動物園本身就是由一片熱帶雨林搭建的，許多的鳥類在園區內外飛來飛去，動物園根本就沒有設網去限制空中飛的鳥類。在動物園中一不小心還會看到大蜥蜴從路邊的草叢經過，除了老虎、獅子會有天然的阻絕，防止他們接近遊客，大部分的動物都是住在開放式的空間，各有各的地盤。還有一個區域很像非洲草原，有好幾頭長頸鹿，羚羊和斑馬也在草原上跑來跑去。

一天的自然之旅下來，我們終於感覺到十分盡興了，肚子也開始受不了的咕咕叫了。回到 KLCC 的美食街，在小檳城餐館點了檳城風味的炒粿條當做晚餐，再點一道摩摩喳喳，只能說滋味實在是好極了。

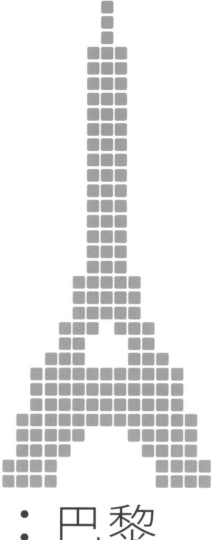

法國：巴黎
Paris

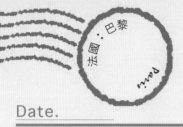

Date.

巴黎第一印象
First Impression

　　飛往巴黎的航程約十三小時，抵達巴黎奧利 Ory 機場是早上九點，我們精神奕奕，沒有太大的時差問題或是疲累感。進入歐盟的第一個國家遇到的是法國的海關，顯然我有點擔心我們的免簽證護照是否會遭到刁難，還好事前我們在歐洲的旅遊規劃資料很齊全，當天的飯店名稱和地址都能列舉出來，很順利地就入境巴黎！

　　來到巴黎，氣溫馬上降到只有
10 度左右，一下子短袖衣物全部
都派不上用場了。趕緊從行李箱拿
出最保暖的毛衣和厚重的外套穿戴
上，跟著人群快步地走到售票處，
兩個人花了 20 歐元買了機場接駁
巴黎市區的車票，才從奧利機場的
第一航站離開。在火車上，我看
到巴黎女生果然打扮的很時尚，
墨綠色的上衣，腳下搭配的卻是
軍靴，閃亮的褐髮搭配墨鏡，一副
不可高攀的神祕感！火車不久進入
市區，我們轉乘捷運來到巴士底
（Bastille），找到我們下榻的第
一個青年旅館。

　　巴黎的街道上，人們毫不避諱
地在大街上親吻起來，彷彿在傳遞
一種愛的訊息，濃濃的情意瀰漫在
空中，如果再看看家家戶戶幾乎都
將最美的花朵裝飾在戶外的窗台，
就可以知道巴黎的氣氛有多浪漫！

在大街上的櫥窗外觀察人是一件很有趣的事，有些法國人走過櫥窗會被櫥窗內的甜點給吸引，此時不管你的年齡老少，如果站在櫥窗前看著甜點時，心中產生了掙扎，你當下的表情馬上變成了愛吃甜食的小男生或小女生！我發現歐洲人都很喜歡甜點，不管年紀老少都要吃冰淇淋，不管天氣冷熱都要吃冰淇淋，在法國吃甜食，是一種最不需要肩負長大責任的事情。櫥窗內的馬卡龍是法國有名的甜點，顏色有粉紅、粉白還有咖啡色、青綠色，有草莓、香草口味和巧克力口味，每一種顏色的好亮麗好甜美，就像法國給我的感覺一樣！

我們有點放任自己無目標地亂逛巴黎的街道，走著走著就走到了今天的另一個景點，雨果故居（Maison de Victor Hugo）。我曾經聽過幾乎每一個法國人，即便是水電工都能跟你談論他最愛的一本書，我們很幸運地就找到了法國大文豪雨果的故居，目前是以博物館的形式開放給民眾參觀。雨果最著名小說就是悲慘世界，還有鐘樓怪人，我們看到了他生前的手稿和他坐過的椅子，還有一個羅丹為他做的雕像，可見法國人對於這位作家多麼尊崇。雨果不但對法國社會產生很大影響力，文學的作品也一直流傳至今。我常常在想一個民族尊崇什麼樣的人，應該也可以隱約看出這個國家的民族特性。

　　雨果故居前方是浮日廣場，有許多
男男女女正在草地上野餐、聊天和擁
吻，我們帶了巴黎的草莓準備咬下一
口，看看滋味到底有多香甜。每個人都
在草地上享受上天給我們最寶貴的禮
物，陽光、綠地以及與愛人悠閒相處的
午後時光。

凱旋門
Arc de triomphe de l'Étoile

吃完早餐後，來到著名的凱旋門（Arc de Triomphe）和香榭大道（Aveune des champs-elyses），已經有許多遊客在凱旋門拍照留念。凱旋門中間的地上，有一個悼念傷亡戰士的區域，地上放有一些花束，還有一叢悼念亡靈的火。我們看著凱旋門上頭的雕塑，有勝利女神帶領著法軍贏得勝利，有馬賽的義勇軍結伴來支援法國的戰爭，當年這座凱旋門是為了迎接拿破崙勝利歸來所建造的，沒想到卻客死他鄉，後人只能用凱旋門來悼念這些將士的亡靈了。

　　沿著香榭大道會看到很多商店大街和觀光客，我們散步到巴黎的精品街，看到了法國高級的麗池飯店，從外觀看起來有一種法式的尊貴感，窗台種的是豔紅的玫瑰，每個房間都有長長的落地窗，烙鐵的飾條被形塑成優雅的形狀，掛著橘色的遮陽布。視覺上獨特的美感所呈現的風格，體現在生活中就稱之為法式的風情了。

　　走著走著我們來到了塞納河（Seine），遠遠地看到了巴黎鐵塔，此時只適合情人沉浸在兩人的浪漫時光，這趟旅程算是我和老婆的二次蜜月，我們兩個人就像熱戀中的情人一樣手牽著手，漫步地走在塞納河的橋上欣賞巴黎的河岸風光。

　　隨後我們又來到了協和廣場
（Plaec de la Concorde），廣場的
中央有一根來自埃及的方尖碑，噴水
池旁邊還有許多的市民坐在特製的斜
背綠色鐵椅上，我們也學他們在略帶
涼意的秋天一起享受陽光灑在身上的
溫暖，悠閒地看著水池中的小海鷗表
演水上飛技。我們繼續沿著公園散步
休憩，有一些男女在草地上曬著陽光，
或是探出舌頭親熱。

巴黎左岸
le Rive gauche

我們喜歡逛巴士底附近的市集,這裡的市場有很多新鮮的蔬果,不知道為什麼這些蔬果擺設起來特別漂亮,各式各樣的瓜類顏色都很美,番茄呈現出亮紅,葡萄香甜到每一口吃起來都有一種幸福的果香,有些攤位專門賣乳酪,有些專門賣火腿,我們實在太羨慕歐洲人有這樣的好山好水,可以栽種出這樣豐盛又美麗的蔬果,於是我們也買了一些市場裡現做的食物和水果,準備到公園裡來個戶外的野餐。

來到巴黎鐵塔(Eiffel Tower)前的草坪,我才真正的感受到鐵塔所帶來的浪漫。綠油油的草坪上躺著一對對的戀人,遠遠地就看到穿著白紗的新人,來這裡拍婚紗照取景。巴黎鐵塔有一種獨特的美感,雖然鐵塔的主結構是使用鋼材,卻展現出許多細膩的曲線,由下往上看,鏤空的線條成千上萬,好不壯觀!巴黎鐵塔不再只是我們心中想像的鐵塔,我們終於親眼看到這巴黎最美的一景。

　　我們逛到左岸的拉丁區，發現了小巷內有一家特色的法式餐廳 Vins et Terroirs。正當猶豫不決是否要進去用餐的時候，裡面的一位外國男士指了一下他正在享用的紅酒燉牛肉，用大拇指跟我比了一個讚。我心想既然有人大力推薦，不彷進去品嚐看看。沒想到這裡的法國料理真是美味，是我們在巴黎吃過最棒的餐廳，菜色經過精心設計，口感又十分美味。老婆點的鮭魚排，送餐上桌的時候像是起酥蛋糕一樣精美，而鮭魚就夾心在外層的起酥和乳酪之間，新鮮的檸檬汁灑上再用刀叉切下去，放入口中滋味就是獨一無二的法式美味。至於我選擇的是紅酒燉牛肉，將馬鈴薯用叉子壓成泥狀，吸收濃郁的酒香醬汁，再將燉嫩的牛肉送入嘴裡輕輕咀嚼，真的是難忘的法國美食體驗！

羅浮宮、
奧賽美術館

Musée du Louvre & Musée d'Orsay

　　據說羅浮宮（Musee du Louvre）以前只是一個小小的博物館，除了早期收藏的蒙娜麗莎的微笑，並沒有太多收藏品。直到拿破崙帶領法軍南征北討打勝仗之後，帶回了越來越多的戰利品，才將羅浮宮擴建成現在的規模。我們進入羅浮宮之後，就直衝收藏蒙娜麗莎的微笑的展示廳，不一會旅行團的遊客全擠在這張畫作面前了，導遊也開始拿著麥克

風大聲講話，把欣賞畫作的興致全破壞了，我們只好前往別的展示廳。館藏有一部分是義大利的畫作，還有西班牙和法國各國的早期的宗教畫作。有一些主題是以耶穌誕生，天使報喜或是其他聖經故事，也有一些是文藝復興時期威尼斯貿易的盛況。

　　迴廊上，我們還看到從愛琴海出土的航海勝利女神雕塑，法國人對於勝利女神似乎有莫名的崇拜和喜愛，法國大革命之後，浪漫主義時期的德拉克洛瓦就以自由女神帶領法國民眾走向自由新氣象的畫作聞名於世，這張作品當然也是來到羅浮宮必看作品之一。羅浮宮的中庭透過一個金字塔的透明屋頂，將陽光引入室內，所陳列出來的雕塑品，在陽光的照射下格外的明亮好看。中庭擺放有的許多雕塑，大多是以希臘神話為主題。有海神拿著三叉戟、有美神維納斯、有大力士海力克斯用棍棒擊怪獸，更有許多天使吹號角等生動的姿態。眾多鬼斧神工的收藏藝術品，越深入參觀這座博物館，越覺得參觀的時間太短，有太多值得看的收藏。亞述帝國的遺跡石壁畫、埃及人面獅身像、米開朗基羅以奴隸為題的人形雕塑，看都看不完。

　　離開羅浮宮之後，我們
來到奧塞美術館（Rue de
Lille），美術館的收藏包
含十九世紀許多著名的畫
作，例如有印象畫派馬內、
竇加、莫內、雷瓦諾、梵
谷。這些印象時期的畫作，
大多用鮮明的色彩和烈火
燃燒般的筆觸，讓我感受
到當時這些藝術家們創作
的精神和生命力，以致於
這些藝術品至今還可以活
在人們的心中！我們一直
看到奧塞美術館的閉館時
間到了，都還捨不得離開。

參觀現代藝術
與羅丹美術館
About Modern art...

　　一早來到了龐畢度美術館（Centre Georges Pompidou）。久聞法國的龐畢度美術館十分有特色，從美術館的外觀也可以感受到龐畢度美術館是具有相當前衛的藝術風格，有點像是眾多鐵管所組成的鋼鐵建築，再搭配像水管般的手扶斜梯，龐畢度美術館看起來跟巴黎的古典風格完全不相容，這說明了龐畢度美術館所展現的企圖心，就是要讓當代藝術走自己的路。

這裡前衛的藝術品，真的太有個性了，有些作品很幽默，會讓你會心一笑。觀看當代藝術的作品，必須打開不同的感官，有些作品能啟發你作另類的思考和開啟新的感受力。

接著我們來到了傷兵戰士之家（Invalides），據說拿破崙的棺木也放置在這裡，目前這裡改建成一個軍事博物館。從戶外展示的大砲，就可以感受到跟我們先前的參觀的羅浮宮美術館大大不同。走進軍事博物館，首先看到兩個中古世紀的騎士穿著盔甲騎在戰馬上，一副準備開戰的模樣，十分符合戰爭的主題。接著看到館內陳列各種不同時期的軍官軍服、軍刀，有些短筒槍上裝飾著十分華麗的鑲嵌寶石，再搭配上帥氣的頭盔。法國人果然很早就對於服裝設計有研究，無論是配件裝飾或是軍服的配色，現在看來都十分具有造型感。接著我們看到一堆中古世紀的騎士盔甲，有男性穿的盔甲，也有女性穿的盔甲，甚至是小孩穿的的盔甲。當時的鐵匠竟然能打造出這麼費工的

盔甲，很難想像要怎麼穿戴這些盔甲走路，更別說是作戰了！然而，更令人感嘆的是這些盔甲的主人現在都作古了。走著走著我們就走到了拿破崙的棺木，以他當時的豐功偉業，兩米高的棺木實在是不算大，所謂一將成名萬骨枯，他的棺木周遭也擺放了不少他副將的靈柩。他們安息在此，我們不便打擾太久，就起身前往羅丹美術館。

　來到羅丹美術館（Musee Rodin）讓我有點意外的驚喜，因為它剛好就在傷兵戰士之家旁邊，徒步就可以輕易地到訪。另一方面，我們沒有參觀過全部都是以羅丹雕塑品的為主題的美術館，可以一次看到各種的不同主題的羅丹雕塑作品，有些在室內展示，有些在戶外的庭園陳列，實在是美不勝收，精采極了！羅丹的作品大多是表現出人體不同的姿態所呈現的美感，所使用的塑材雖然是十分堅硬，卻能充分地表現出各種肌肉線條的力與美，有些作品甚直連臉部的表情都呈現地維妙維

肖。來到了戶外的花園參觀他的雕塑作品，又
產生另一種人文與自然對話的深度，不露痕跡
卻巧妙地與大自然的景色相結合，這就是羅丹
作品偉大之處。

　　離開了左岸，我們來到另一個藝術家群聚
的蒙馬特山丘（Montmartre）。山丘的街道
上有許多不知名的畫家，正在寫生或是幫遊客
作畫，也有許多街頭藝人在這裡做表演。天色
漸暗，我們一心想參觀的達利博物館，竟然閉
館了，只好沿著山坡走，參觀山上的巴黎聖心
堂。來到聖心堂，前面的階梯早已擠滿了等著
看夕陽的遊客，所有人都坐在聖心堂的臺階前

俯瞰整個巴黎市區的全景。不一會晚霞
出現了，此時夕陽的景色太美了，我們
只是靜靜地坐在臺階上，看著遠方的羅
浮宮、巴黎鐵塔和蒙帕那斯大廈，看著
整個巴黎市區。蒙馬特的
此情此景稍縱即逝，卻形
成另一種獨特的巴黎回憶。

Date.

盧森堡公園

Jardin du Luxembourg

　　到了盧森堡公園（Jardin du Luxembourg），我們得以坐在公園裡悠閒地看著噴水池小歇片刻。我注意到有一些人拿著畫紙在公園寫生，畫的主題有雕塑也有花草。我想說來到巴黎將近七天了，多多少少也感染了這裡的藝術氣息，一時興起便拿出我的鉛筆開始在白紙上畫下公園的一景。在我的面前有一群年輕的男女正在聊天說笑呈現出各種姿態，一旁的噴水池裡有水鳥，兩旁種有高大的熱帶植物，背景是歐式的建築將整個畫面經營得十分漂亮。我入迷地作畫，幾乎忘了時間，當作品完成的時候，已經過了一個小時，作畫的時光十分地愉快，也十分地放鬆，創作的過程

不像是在耗損精神，反而像是在
充電。看著自己的成果，覺得很
有成就感，在盧森堡公園的這個
午後很悠閒，也多了一分詩情畫
意的浪漫。

　　這是我們停留巴黎的最後
一夜，應該是今晚的夜景格外的
迷人，寒冷的秋夜我們依舊在街
頭流連忘返，轉角到處都可以看

到人們坐在小酒吧外面。我發現
一件事很有趣，就是法國人喜歡
看，他們喜歡看人們走來走去或
是將自己打扮漂亮讓人看，或許

這就是為什麼他們對美的事物這
麼敏銳吧！

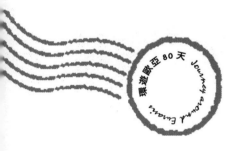

環遊歐亞 80 天　Journey around Eurasia

義大利
Italia

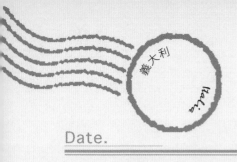

Date.

重遊羅馬
Rome

　　一出羅馬機場，強烈的日照讓我不得不馬上脫下外套和長袖衣物，義大利靠近地中海，即便是到了秋天，白天的陽光依舊強烈。我原本不明白為什麼許多義大利人都愛戴太陽眼鏡，直到這次來到羅馬，我才了解義大利人戴太陽眼鏡，並不全然是為了時尚的考量，也是為了防護紫外線傷害到視力。陽光直接照射在我的眼內真是刺痛難耐，地中海強烈的陽光真的會讓很多人去看眼科醫生。

來到羅馬假期中著名的西班牙廣場（Piazza di Spagna），遊玩的興致馬上就恢復了。許多遊客正坐在西班牙廣場

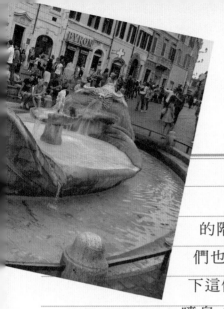

的階梯上，吃著義大利的冰淇淋，我們也在廣場前方的破船噴泉用相機拍下這個精采的一刻。隨後來到了特萊維噴泉（Trevi Fountain），回想兩年半前，我們的新婚也是在義大利度過 15 天的蜜月，回去後一直都沒忘記當時在許願池許下的心願，就是一定還要再回來羅馬遊玩！再一次造訪這座鬼斧神工的羅馬雕塑與壯觀的噴水池，心中的激動就像當時初訪的心情，於是這次我們又再次對許願池許下心願，「嗯～該許一個新的願望嗎？不，下次我們還是要再來羅馬！」哈哈，我們實在太愛義大利了！

晚餐選擇了一家離許願池不遠名叫奇揚地（Chianti）的餐廳，這裡提供的佳餚美食，至今還是令我們念念不忘。前菜是切成片狀的火腿覆蓋在香甜的哈密瓜，不知道義大利人哪來的靈感，竟然可以將這兩種迥然不同的食材，搭配成獨一無二的佳餚。接下來是義大利的生菜沙拉，只有橄欖油淋上蔬菜，坦白說有點野菜的味道，我吃不太習慣。主餐是十分美味的主廚 Pizza，由蘑菇、橄欖搭配火腿，用炭火烤出脆皮多汁的 Pizza，咬下一口全是濃郁的起司與番茄的滋味，這種天下無敵的美味，只有熱愛 Pizza 的義大利人才做得出來。最後，不得不提這裡的提拉米蘇，香濃的冰淇淋配上白蘭地酒浸濕的蛋糕，表面灑上濃醇的巧克力粉，這是我這輩子吃過最棒的提拉米蘇。這家餐廳竟然可以將這個義大利著名的甜點做得那麼好吃，讓我不得不說提拉米蘇真是天堂才有的甜點，

卻留在人間被義
大利人享用。

　　羅馬的夜色太美
了，我們都沒注意到一下
子就過了晚上九點，直到發現
捷運站入口已經拉下鐵門，我們才驚覺
大事不妙。原來今天是星期二，羅馬的捷運
站平日只有營運到晚上九點就下班了，來到
羅馬的遊客反應都一樣，一副不可置信的模
樣。只能怪羅馬的夜晚太美了，就算知道捷
運九點就停駛了，有誰捨得來到羅馬卻九點
以前就回去休息呢？我跟老婆兩個人其實也
不知道哪一班公車可以坐回民宿，於是就將
錯就錯繼續夜遊羅馬聊天散步，不知不覺也
是走回到了民宿。

暢遊羅馬古蹟
與真理之口
Historic site

　　來到羅馬怎麼可能錯過圓形的古羅馬競技場（Piazza del Coloseeo），一早我們就來到這個聞名遐邇的名勝古蹟，除了馬車還有一些打扮成古代羅馬士兵的街頭藝人會跟遊客互動。競技場後方是一大片古老的羅馬議事廣場遺跡，有元老院還有當時殘留下來神殿的門柱，現場還有許多考古人員正在進行古蹟的研究工作。

　　一路走到了威尼斯廣場，這座又稱為維克多艾曼紐二世紀念廣場，是為了紀念義大利統一後的第一位國王，整座建築雄偉壯觀，廣場前的車潮也川流不息。為了彌補我們上次沒有進去萬神殿的缺憾，午餐

後我們就直奔萬神殿（Pantheon），第一次
看到偌大的圓形屋頂十分地震撼，羅馬人居然
在兩千多年前就蓋出這樣雄偉的圓形宮殿。由
下往上看到日光從屋頂的圓孔照映進來，視覺
上是一種圓而飽滿的美感，萬神殿連地上都有
設計小孔來將屋頂圓孔所滴落的雨水給排出，
建築的工藝簡直出神入化，令人讚嘆這座建築
實在是太偉大了！

　　大概是我們對於羅馬假期這部電影的印象
太深刻，對於上次來到羅馬沒有看到的真理之
口一直耿耿於懷，這次我們一定要找到這個景
點。由於旅遊書上並沒有標示在哪裡可以找到
真理之口，只知道這個景點在一個小教堂外
面，也不知道該怎麼問路人。於是我們坐了幾
段車，跑錯了一個教堂，走了很多冤枉路，最
後才想到旅遊名產店的門口大多都有販賣景點
明信片，我們指著真理之口的風景明信片詢問
老闆，這個方法果然奏效，終於在一個不顯眼
的小教堂外面找到真理之口這個景點。實在是

太開心了，一定要試著把手放在那個張著大嘴的河神口中，看看戀人有沒有在自己面前說謊話。那種明知道不會咬下去，心中卻毛毛的感覺實在是太有趣了，不然為什麼人們那麼喜歡看鬼片自己嚇自己，卻樂此不疲呢？

佛羅倫斯
Florence

相較於羅馬的民宿，我比較喜歡佛羅倫斯幽靜的感覺。由於比預定的時間還要早抵達民宿，我們就在附近的一家西餐廳享用午餐。道地的佛羅倫斯特製前菜，是用托斯卡尼的山豬肉火腿片加上起司以及炸麵團，我們點了一道佛羅倫斯牛排和奇揚地的紅酒。老婆在用餐的時候告訴我她好像懷孕了，因為月經已經一個多月沒來了，我跟她再次確認我有沒有聽錯？我們終於做人成功了！我要當爸爸了！我們開心地舉起酒杯慶祝這個新生命的到來。相信這並不會影響我們的旅

程，老天爺要我們帶著寶寶一起完成這趟旅程！不過老婆馬上被我下了禁酒令，奇揚地紅酒她一口都不能喝了。

下午來到佛羅倫斯的舊市區，烏菲茲美術館與領主廣場早就擠滿遊客。不同於之前我們來義大利度蜜月的時候參加旅行團，進入烏菲茲美術館參觀還有集合的時間壓力，這次來到佛羅倫斯，我們很悠閒地在領主廣場前散步，看看商店街的皮件，逛累了就坐在烏菲茲美術館外看看雕塑，和坐在地上寫生的人。

　　還沒來到聖母百花大教堂前，天色就已漸漸暗了，由於沒試過在國外剪頭髮，我嘗試在佛羅倫斯的街上找一家美髮院剪髮。幫我們剪髮的是一位義大利的型男，因為他真的很用心地為每個客人一刀一刀地修剪頭髮，我們也就耐心地等待他幫前一位客人剪完，再幫我們剪一個美美的髮型。他幫老婆剪的髮型還不錯，我的髮型更棒，酷酷地帶有義大利人的味道。想想這樣的髮型在義大利也不錯，融入當地的生活，也是旅遊的成功要素。

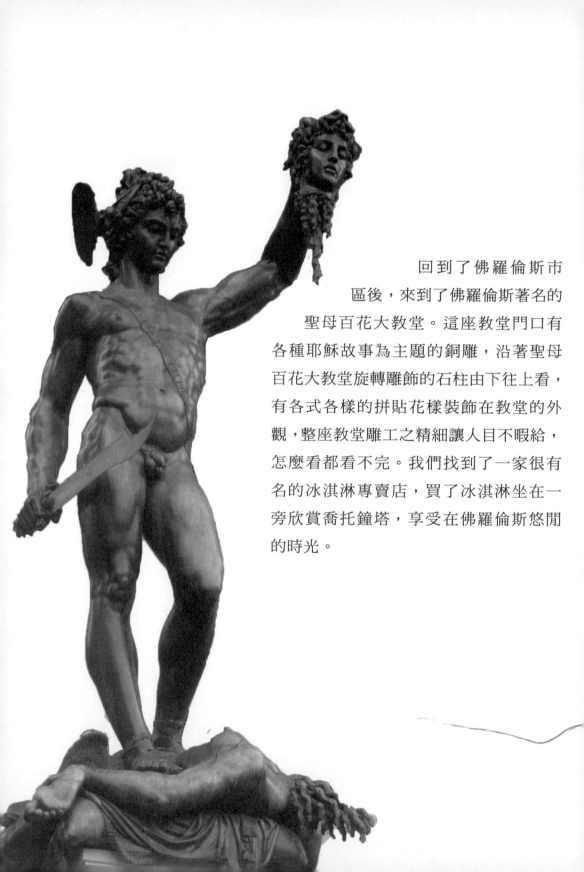

回到了佛羅倫斯市區後，來到了佛羅倫斯著名的聖母百花大教堂。這座教堂門口有各種耶穌故事為主題的銅雕，沿著聖母百花大教堂旋轉雕飾的石柱由下往上看，有各式各樣的拼貼花樣裝飾在教堂的外觀，整座教堂雕工之精細讓人目不暇給，怎麼看都看不完。我們找到了一家很有名的冰淇淋專賣店，買了冰淇淋坐在一旁欣賞喬托鐘塔，享受在佛羅倫斯悠閒的時光。

　　佛羅倫斯於位於義大利的托斯卡尼省，向來以天然的食材和美酒著稱，我們想體驗一下自己動手下廚的樂趣，於是就來到當地的生鮮超市和麵包店，買了橄欖油 、番茄、生菜、起司、黑橄欖、山豬肉火腿，還有葡萄酒和水果，準備回到民宿自己下廚做義大利料理。民宿廚房裡的廚具和餐盤刀叉都十分齊全，老婆用一個平底鍋，就作出兩盤香噴噴的茄汁臘腸義大利麵，再淋上大量的橄欖油搭配起司沙拉，就完成了這道托斯卡尼大餐。坐在民宿開放式的庭院看著星空，彷彿享用燭光晚餐一樣浪漫。由於當地的食材非常新鮮甜美，我們非常愉快地享用每一道自己動手做的餐點，也十分喜歡在佛羅倫斯所創造的生活體驗。

佛羅倫斯 民宿生活
Florence

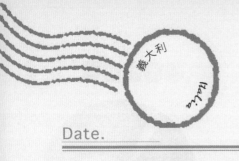

佛羅倫斯的早晨鳥語花香，可以一邊享用自己動手做的早餐，一邊享受托斯卡尼的陽光。

早餐是前一天在麵包店買的葡萄麵包，我曾經在旅遊頻道看過這種麵包，義大利人會用當季的新鮮小葡萄，直接放入麵包裡烘烤這種葡萄麵包，咬下麵包也同時會將葡萄的果肉和酸甜滋味一同咀嚼入口中。

當時看了真是口水直流，沒想到今天竟然能夠在佛羅倫斯吃到原汁原味的葡萄麵包，真的是太幸福了！

沿著老橋一直走，就來到了碧堤宮（Pitti Palace），這座宮殿有一片很大的後花園，可以從

碧堤宮後花園俯瞰整個佛羅倫
斯，映入眼簾的畫面就像是風景明信片一
般，蔚藍的天空，曾經十分繁華的佛羅倫斯城鎮，
景色十分優美，我們也陶醉在一種文藝氣息的浪
漫！

　　碧堤宮也是上次沒機會參觀景點之一，有許多
文藝復興時期的畫作，也有展示許多精緻的銀飾工
藝品。當時精美的服飾，由現在的觀點看起來雖然
十分古典，但是設計的美感卻沒有差太多，佛羅倫
斯最繁華的年代，有達文西、波提伽利、拉斐爾等
著名的人物，將文藝復興時期的藝術推向另一個高
峰。另一方面，歐洲很多的皇宮貴族，都指定來
到佛羅倫斯訂製珠寶飾品、傢俱或是皮件，
佛羅倫斯在當時，可以說就是精緻工藝
的代名詞。

再遊威尼斯
Venice

　　威尼斯（Venice）是一個很美的水都，走在威尼斯彎彎曲曲的巷弄間，兩旁的屋舍大多都有將近八百年的歷史，有時候我們從水道的橋上走過，一旁會有船夫駕著宮都拉小船搖櫓緩緩地划過水巷，波光豔影映照在水面上，形成一種威尼斯特有的浪漫風情。回想之前我們蜜月在威尼斯留下的甜蜜回憶，至今依舊忘不了這個美麗的水都，直到今天再度造訪威尼斯才終於一圓宿夢。

在歐洲的歷史上，這裡早就是一個富庶顯赫的王朝。早期的威尼斯人為了躲避陸地上的戰爭，選擇在靠近海邊的沼澤地建立王朝，用一根根的木樁打入泥沼中作為地基，再將房屋一棟棟連結搭建在一起，創造出與海爭地建立王國的奇蹟。如此創造出來的王朝猶如銅牆鐵壁的海上碉堡，敵軍無法從陸地上來冒犯只能從水路，然而沼澤的地形猶如天然屏障，多數的船隻還沒攻上岸就已經擱淺了，再加上威尼斯的位置絕佳，處於整個歐亞水上貿易往來頻繁必經之地，造就強盛的威尼斯王朝威名遠播。

我們經過許多條小橋，想走到聖馬可廣場，然而手上的地圖似乎沒什麼作用，在威尼斯的巷弄中十分容易迷路，很

難找到自己所處的位置，也搞不清楚聖馬可廣場的方向，一不注意就會迷失在威尼斯的巷弄中。不過迷路在威尼斯的街道裡，也不用擔心會無聊，沿路的商店櫥櫃裡有許多吸引我們目光的巧克力、甜點或冰淇淋，或是販賣各種威尼斯嘉年華的華麗面具。我們繞來繞去，竟然繞到了大運河上的利雅德橋，橋上的店鋪最吸引我們的是販賣歐洲中古世紀的精美文具店，有鏤空裝飾的筆，中古世紀的紙張，還有精美的皮件與珠寶藝品。

走了好久，終於走到聖馬可廣場（Piazza San Marco），我們很自然地就想坐在在聖馬可廣場前喝杯咖啡。廣場的咖啡館，一杯咖啡大約 17.5 歐元，這家咖啡廳有三百年的歷史，服務生都是觀光名校出身身價至少年薪三百萬以上的高材生，咖啡館內外都擠滿了客人，從十分昂貴的價格和奢華的服務內容，說明了威尼斯是屬於一級的國際

觀光城市。我們繼續向前走就來到了總督府道奇
宮（Palazzo Ducale）。沒想到我在道奇宮旁邊，
竟然看到台北美術館的展覽館，主題是實驗性的
前衛地下音樂，我不知道威尼斯人懂不懂得欣賞
台灣的藝術創作，不過顯然藝術創作光是用聽的，
就很顛覆傳統了。

　　夜晚華燈初上，沿著濱海大道散步，海上的晚
霞漸漸散去，我們坐在粉紅色的街燈下，吹著海
風欣賞樂團的演奏表演，隨著小提琴時而抑鬱，
時而激昂地拉奏 Osolemio 這首義大利名曲，我
們再次陶醉在威尼斯的夜晚裡。

波隆那的男高音
Tenor and Bologna

搭乘火車來到波隆那，在 Maggiore
廣場前有一座拿著三叉戟的海神噴水池，
周圍有許多波隆納古老的城牆、教堂等建
築物，天色漸暗，我們就找了一家 Pizza
店吃了晚餐。散步來到廣場前，廣場上搭
建的舞台已經有搖滾樂團在演奏歌曲，隨
後還有像是當地社區組成的小孩合唱團也
上台表演。接下來的節目更精采，有兩位
主持人上台一搭一唱，我們兩個人聽不太
懂義大利文，卻都看得入迷。表演越來越
專業，隨後義大利女高音，男高音也同台
演唱，聲音直上雲霄，將身體內的每一個
音樂細胞都喚醒。除了披薩、義式咖啡、
法拉利和藍寶堅尼，義大利的男高音絕對
也可以算是義大利的國寶之一。

　　這是我第一次聽到義大利的男高音現場演唱，我們從來都沒有預期，可以在波隆納欣賞到這麼棒的義大利男高音現場演唱，這樣的表演只是當地社區生活的戶外公演，精采度卻像是我們國家音樂廳等級，在離開義大利的最後一夜，能夠在波隆納聽到現場的義大利男高音演唱，真的是很令人難忘！

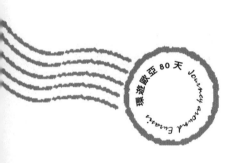

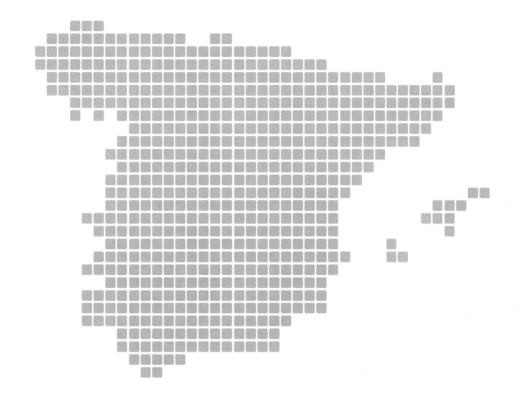

西班牙
España

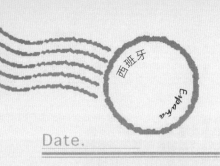

熱情的城市
巴塞隆納
Barcelona

第二次乘坐雷恩航空 Ryanair，已經比較熟悉搭乘的流程，除了需要自己列印登機證，跟一般搭飛機的經驗其實沒什麼不同。值得一提的是西班牙人真的很熱情，當飛機從空中成功降落巴塞隆納機場的那一刻，有人起頭開始拍手，我們也跟著鼓掌，最後全體乘客歡聲雷動慶祝降落成功。這樣有趣的體驗，是我搭飛機以來從所未見的，西班牙真是一個熱情的國家！

不久來到了加泰隆尼亞廣場（Placa Catalunya），廣場前車水馬龍，這裡是巴塞隆納的交通要衝，呈現了巴塞隆納的現代都會面貌。廣場中央有許多雕

像和綠化的公園，四面高樓林
立，有新穎的商業大樓，也有早
期古典風格的建築物，我們走在
大街上，來來往往的人群和街頭
藝人吸引著我們目光。居然有街

頭藝人會裝扮成異形，嘴裡還會
吐出利牙來嚇路人，還有一個街
頭藝人裝扮成印度的象面佛陀，
讓人搞不清楚他是否有施展什麼
魔術，竟然能騰空安坐，不動如

山。有些年輕人溜著滑板，也有
些年輕人在大街上起鬨玩起追逐
布偶牛的鬧劇，巴塞隆納給我的
第一印象就是一個活力四射，創
意十足的城市！

　　在巴塞隆納的街頭，我們很
難不注意到這個城市的觀光巴
士。遊客們坐在雙層觀光巴士上
層的露天座位，可以享受巴塞隆

納的溫暖陽光，也可以一覽所有
巴塞隆納的主要觀光景點。也

許是巴塞隆納的觀光客實在太多了，這種 City Tour Bus 幾乎成了巴塞隆納市容景觀的一部分。所謂的 HOP-ON HOP-OFF 就是遊客只要出示車票就可以一票到底，隨時在巴士行經的景點自由上下車。其實我們先前在巴黎、羅馬這些大城市，都有看過類似這種的城市觀光巴士，我心想既然沒搭乘過，這次來到巴塞隆納，就不要錯過了體驗的機會！向售票亭買了觀光巴士兩日車票，明天和後天我們就可以搭乘觀光巴士任意在巴塞隆納穿梭。

相較於巴黎的夜晚只有 10 度不到的溫度，巴塞隆納晚上的氣溫算是十分溫暖。也許是義大利的料理還吃不過癮，來到西班牙的第一天，竟然

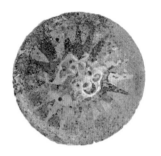

還是找了一家義大利人開的義式餐廳來用餐，廚師一邊唱歌一邊愉悅地做著我們的 Pizza，再加上我們點的香醇義式咖啡，我只能說廚師一邊唱歌一邊做出來的 Pizza，實在是太好吃了。以後我們選餐廳又多了一個觀察重點，就是廚師的表情快不快樂，有快樂的廚師，才能做出好吃的食物。

　　隔天大約一早九點就坐上觀光巴士的上層露天座位，可以曬曬太陽吹吹風，心情十分地輕鬆。我們來到了西班牙首屈一指的諾坎普球場，經過了巴塞隆納高樓林立的商業區，一路欣賞巴塞隆納的街景，車上同時還有景點的語音導覽，導覽共有八種語言可供選擇，所以想聽中文的語音導覽也不是問題。在巴士抵達觀光景點之前，語音導覽就會播出預先錄好的景點介紹，讓我們對於該景點有些初步的認識。

我們繞回到加泰隆尼
亞廣場，觀光巴士為了接
駁更多遊客上車，會在
廣場前停留 20 分鐘。出發後
我們選擇第一個下車的景點是桂爾公園
（Parc Güell）。桂爾公園是一百多年前，由西
班牙著名的建築師高第設計的一個名人社區，然
而當時這個建案賣得並不好，於是政府就把它收
購，改建成現在的桂爾公園。我們下車後，還必
須沿著山坡走約十分鐘才來到桂爾公園。從
公園的入口處，就可以感受到這座公園渾然
天成的獨特美感，利用各種不規則曲線，
由彩磚拼貼成的各種花樣，彷彿具有生
命一般的生物造型，抬頭看，會看到
一片片彩色的花朵拼貼在天花板，階
梯上有蜥蜴，門柱的質地猶如樹皮
般的紋路，穿梭在迴廊就像進入
了天然搭建的樹棚，大門的造

型像極了昆蟲的翅膀。我們彷彿進入了
美麗的奇幻森林，立刻迷戀上桂爾公園，
不僅讚嘆高第讓這座公園處處融入自然之
美，還將蘊藏在大自然之中的元素，巧妙
地設計在人為的建築之中。

接著來到靠近巴塞隆納的海邊新市鎮，
據說原先是髒亂的貧民窟，為了舉行 1992 年
奧運會，將許多海灘整治成美麗的沙灘，蓋了大
型的會議中心。許多當代的建築師，都搭建了各
式各樣新穎的建築，讓巴塞隆納展現出截然不同
都會新貌。

巴塞隆納第二天
Barcelona 2

　　高第設計出來的桂爾公園風格太前衛，還不太能被當時的人所接受，由我們現在的眼光看高第的建築作品，簡直就是從所未見的天才鉅作，不但具美感又富有創意，樹立出高第獨特的建築風格，我們來到西班牙旅行，不自覺地被高第的作品給吸引，於是決定今天再去多逛幾個跟高第建築有關的景點。

　　隨著觀光巴士經過了許多巴塞隆納市區的觀光景點，沿路看到許多十分有創意又具特色的公寓。在巴塞隆納街道上，許多建築都有自己的風格，大部分都是建在十九

世紀初，當時的有
錢人會請有名的建
築師，幫他們蓋
豪宅來凸顯自己的品味，
有的屋頂融合了城堡的元素，有的陽
台造型像是面具一樣奇特，我心想西班牙真是個
瘋狂又有趣的城市，連房屋的建築外觀都如此爭
奇鬥艷。

　　其中最有名的代表景點就是高第的米拉之家
（Casa Mila），屋頂上有一個立體的十字架，
屋頂上的煙囪造型相當特殊，像是眾多身著不同
盔甲的騎士。超現實所呈現出的特殊造型，令人
嘖嘖稱奇，整棟波浪曲折外觀的公寓，據說當時
高第事先都有先做好等比例的模型，確定能夠組
裝起來之後，才請工匠製模做成一塊塊的外牆，
最後再將不規則扭曲的外牆拼裝起來，才變成現
在所看到的米拉之家。我們興奮地看著這座奇蹟
般的建築，直呼實在是太神奇了！一方面也感謝
當時的有錢人，願意花錢請建築師設計出這麼棒
的作品。

隨著觀光巴士，我們走馬看花地經過許多景點，不知不覺就到下午四點多了，由於時間有限，在太陽下山前，我們希望能再多參觀一個高第的建築作品——桂爾別墅（Finca Güell）。觀光巴士的下車地點，不一定剛好都在景點附近，地圖會大概標處出位置，遊客如果對該景點有興趣，還是得自己下車看地圖尋找景點。

　　為了找桂爾別墅，我問了一些路人，當地人好像也不清楚，最後還是靠自己循著地圖的模糊指示，才終於找到了桂爾別墅！我們只能從外觀欣賞這棟建築，桂爾別墅的大門深鎖，當天並沒有開放參觀，不過大門口像是變色龍的蜥蜴鑄鐵大門，又再一次令人驚豔，只能說高第的建築風格，實在是太具有創意，也太有自己獨特的風格了。自己真是實在太晚認識這個建築大師的作品了，無論如何，今天能夠多看一個高第的作品，也算是相當值得了！

鬼斧神工的建築 聖家堂

Sagrada Família

早上九點來到聖家堂（La Sagrada Família）已經是人山人海，直到我們買到票進入聖家堂已經 10 點半了。真的很羨慕那些早就在網路上事先訂好票的人，畢竟能省下寶貴的時間，也是旅遊規劃中值得高興的事。

聖家堂從外觀看起來是由八個巨塔所組成，如果仔細一看，會發現塔頂上像是結滿了果實。有紫色葡萄、紅色蘋果，各種五顏六色的水果，在視覺上完全顛覆我對於教堂的傳統印象。意境上像是教堂長出了甜美的果實，正因為如此，石柱底端有烏龜，樑柱上有蜥蜴，鱷魚各種生物攀爬在教堂上，讓人感受到這是一座有生命的教堂，各種萬物都可以依附在這裡生長。

聖家堂受難立面的入口有一系列抽象的雕塑，主題雖然跟一般教堂一樣，是關於耶穌生平的故事，但是雕塑卻是將圓潤的曲線，做成有菱有角，再用簡單的線條描繪出雕塑的角色，完全顛覆傳統的視覺。一進入聖家堂，馬上就看到一根根高聳入雲端的白色石柱，猶如拔地而起的巨大樹幹一般，支撐住整個教堂的屋頂。仰頭一望，上方鑲嵌著像是珠寶般晶瑩剔透的圖騰裝飾，光線透過天井穿透進聖家堂的頂端，折射出七彩繽紛的光影在躍動，韻律彷彿一曲美妙的樂章，迴盪在這座充滿生機的奇幻森林。

　　聖家堂的地下室是高第博物館，陳列著高第的設計作品及模型，他死後也是被安置在這裡。進入地下室的時候，裡面擠滿了遊客，我突然聽到有一位說著流利中文的導遊，正在跟她的團員說明幾個必看重點，於是我們也厚臉皮湊過去聽導遊解說，讓我了解了高第的生平和聖家堂建築的由來。

　　高第從小是生長在鑄鐵工匠的家庭，因此他很懂得將堅硬無比的石頭或是鋼材設計成相當柔軟，或是令你相信它可以曲折。在他許多的作品之中，都可以看到大自然的元素，代表的作品除了桂爾公園和米拉之家，聖家堂是高第窮極一生最重視的作品。然而這座教堂的建築工程實在是太浩大了，蓋了一百多年至今都還未完成。我們參觀的同時，聖家堂的外部還同時有五座吊高機，正在搭蓋這座教堂。據說高第生平很低調，有一天他下班途中不小心被電車撞昏，路人以為他是流浪漢，就將他送到專收窮人的聖十字醫院就診，隔天才被聖家堂的神父找到，不幸的是三天後高第就過世了。他出殯的時候，送葬隊伍從聖十字醫院一直沿綿一公里長，成千上萬的市民都前來向高第這位西班牙的建築奇才致意。

坐在聖家堂外，仰頭欣賞絕妙的景色。我聽到一旁有對年輕的男女用中文在聊天，看起來就像是台灣人，於是我就開口問他們從哪裡來。果然他們剛剛新婚來西班牙蜜月，目前定居在台中。他們聽說我們出來作 80 天的旅行，一副不可思議的驚訝。我聽到他們是第一次自助旅行就選擇來到巴塞隆納，更佩服他們的勇氣。兩對夫妻就這樣在異地相遇，交換彼此在巴塞隆納旅遊的經歷，又彼此互道再見各奔旅程。

馬德里不思議
Madrid

　　搭乘西班牙夜車有幾個好處，一來旅遊本來就是搭乘不同交通工具的體驗，我們不想錯過搭乘西班牙夜車的機會，二來節省時間又節省旅費，夜間十點搭車，早上七點就到馬德里（Madrid）了，車票一人要 57 歐元，我十分喜歡這個主意！睡在第四節車廂，一個車廂有六個床位，分上中下鋪，左右各三張床，我睡在下鋪，老婆睡在上鋪，火車行駛起來有點吵，整晚搖搖晃晃抵達了馬德里，沒想到我依舊神清氣爽。我發現身體只要有躺下來休息，就可以漸漸地適應新的環境！

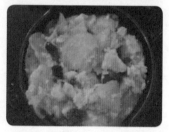

　　找青年旅館的位置像是一個鬥智的過程，我事先用 iPhone 存檔起來的小技巧，替我們省了不少找不到旅館位置的麻煩！搭乘捷運去找尋我們前一天晚上預訂的青年旅館，由於 Hostelworld 網站上都有英文的指示，告訴我們在哪一個捷運站下車，在哪個路口轉彎可以找到這家青年旅館，在加上 Google 的地圖路標顯示的相對位置，我們很快地找到這家青年旅館，安置好行李！

　　我們隨意地散步，走到了馬德里的國王廣場（Placa del Rey），廣場周圍有許多高級餐廳，許多遊客忙著幫周遭的紅色建築拍照，我竟然來到馬德里不思議 MV 裡頭的廣場，耳邊開始響起蔡依林的 MV 旋律，我心想實在是太不可思議了，沒想到我們有一天會來到西班牙的馬德里，回想當初，還差點因為治安考量，放棄西班牙，轉眼間我們竟然也來到了馬德里，簡直就像是做夢一樣！

我們坐捷運來到一個叫做哥雅的捷運站，就隨便逛逛當地的商場和小吃，買了一些甜點餅乾，邊走邊逛大街，青年旅館提供的馬德里市區地圖，幫助我們找到了 Retiro 公園。Retiro 公園比我想像的還大，一邊走在林蔭大道上，午後的陽光灑在身上真是享受，懂得享受的還不只我們，一旁有許多人正在餵鴿子，小孩圍著說故事的阿姨，年輕的男女躺在草地上享受大好的青春！再往公園裡頭走會看到一個大水池，許多人駛著小船靜靜地划入我們的眼簾，與背景的宮廷雕塑構成了一幅的生動的風景畫！

終於找到了普拉多美術館，但是天色已晚，我們逛一個小時就得離開，幸運的是星期假日都可以免費入場參觀，所以我們明天還可以再來普拉多美術館。

離開美術館之後，找到了享用晚餐的餐廳，女服務生很用心地為我們解說菜單，菜單上雖然有圖片像是 Tapas，我還是看不出到底是什麼菜做出來的，於是就胡亂地點了兩道菜在加上啤酒可樂，就靜靜地等待好菜上場！沒想到這兩盤菜還真是莫名地好吃！其中一道是菌菇洋芋起士炒蛋，吃起來有起司的香在加上一點點海鹽的洋芋塊，蛋白被凝結成塊狀再跟菌菇炒在一起，再加上炸得金黃的雞翅，與啤酒一起下肚，自然是一頓十分愉快的晚餐！

普拉多美術館
Museo del Prado

　　由於普拉多美術館只有提供週末假日免費參觀，今天剛好是假日，所以我們很幸運地能免費欣賞到歐洲三大美術館之一的普拉多美術館。展場內有許多傑出的西班牙藝術家畫作，其中的代表之一就是哥雅（Goya），我們看了哥雅早期的華麗宮廷風格，晚期因為重病失聰引發對人生的失望，轉而畫出人類內心最深沈的黑暗面。他所描繪的黑畫如此令人驚心動魄，使我佩服他能夠將人性的光明與黑暗面主題勾勒出來，給我的感受是他用生命在創作自己的作品。

館內還有另外一位著名的藝術家是波西（Bosch），很難想像他的人間樂園畫作，是在五百多年前那個歐洲宗教意識很強烈的時代完成的，如此科幻具有未來感，比起現代的達利超現實畫作，有過之而無不及！西班牙的藝術家都要在視覺上，留下如此令人深刻的印象嗎？西班牙真是一個瘋狂又令人處處吃驚的國家！

　　晚上去欣賞佛朗明哥的舞蹈和音樂，來到一個小酒吧，裡面被觀眾擠得水泄不通，大家都坐在台下屏息以待，我在大學時期就很喜歡佛朗明哥（Flamenco）的吉他音樂，今天的舞台表演，不僅有專業的佛朗明哥舞者還有吉他手現場伴奏，真的是太棒了！表演開始之後，舞者隨著強烈的節奏展現力與美，眼神時而憂鬱，時而激昂，充分展現西班牙的奔放的熱情，台下的觀眾的情緒都被舞者的表演張力給深深吸引。佛朗明哥是情感豐富而強烈的舞蹈藝術，如此有生命力的表演打動我的內心，這是一個令我十分盡興又難忘的西班牙之夜。

塞哥維亞小旅行
Segovia

　　離開馬德里市中心給我更多新奇和冒險的感覺，我們想探究塞哥維亞這個中世紀的城市，是否與我們的想像有所不同。巴士從車站離開後，大約一個多小時才抵達塞哥維亞的車站。塞哥維亞車站的規模並不大，我們穿越馬路，迷失在小鎮的平常街景。

　　喝完水後拿出地圖，我們背著隨身背包，又轉了好幾個巷弄。直到發現自己來到一個好像所有巷弄都可以連接到這裡的大廣場，我們才確定自己抵達了塞哥維亞。這裡的中世紀房舍和教堂，帶我們穿越長長的時空迴廊，時光回到中世紀的小鎮風光。

　　我們逛了幾家特色的小店，買了些新鮮的水果來品嚐。走著走著眼前出現一座巨大的羅馬水道橋，看著巨大的岩石所堆積的巨大橋墩，高度有二十層樓高，可以想見當時建造這座水道橋的羅馬帝國雄心有多大。

　　隨著我們走過幾個陡坡，映入眼簾的是一片荒煙蔓草，只有一座中世紀的城堡和圓錐型的藍色尖塔，據說白雪公主裡的城堡就是從塞哥維亞這座城堡取景的，厚重的城門橫跨過護城河，彷彿中世紀的騎士戰勝惡龍回到城堡，國王已經答應將公主許配給任何戰勝惡龍的勇士，公主就出現在城堡的上方迎接英勇的騎士歸來，所有人都在歡慶幸福快樂的日子即將來到。真的是太有想像空間了，我們沉浸在童話故事的浪漫，天真了好一會才回神！

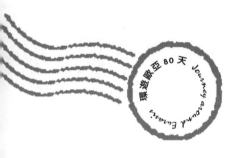

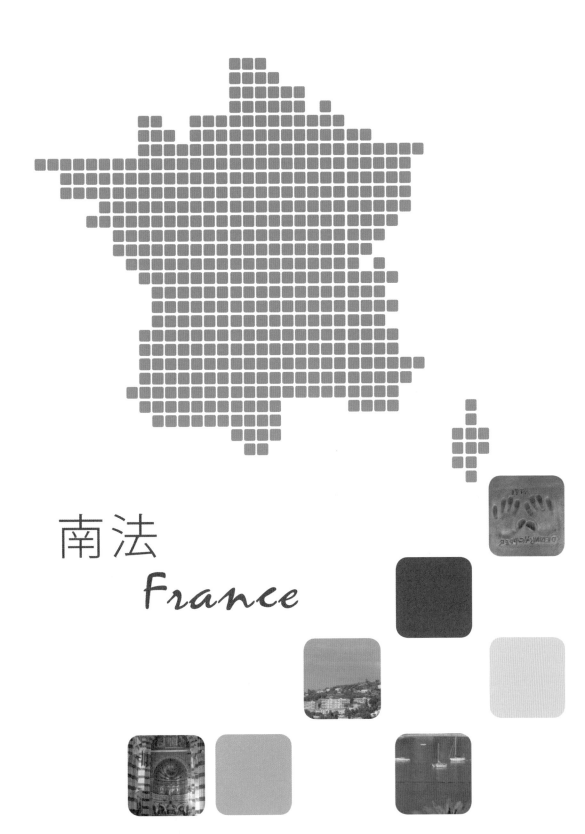

南法
France

Date.

普羅旺斯
塞尚之路
Provence

我們和昨晚認識的新朋友 Wennie，Nana 一行四個人，搭捷運前往馬賽的聖查爾斯車站。在車站買好了下午前往尼斯的火車票後，坐上巴士前往離馬賽不遠的普羅旺斯小鎮，艾斯（AIX）。在巴士上我們跟 Nana 聊天，才知道她是來自中國的山東人，她來法國留學已經一年了，趁著學期中的幾天長假，來到法國南部遊玩。

至於 Wennie 則是跟我們一樣是從台灣來的，她原先是婚紗攝影的助理，身上還掛著專業的單眼相機，看來今天打算出來多捕捉幾個普羅旺斯的美景。

下車後對普羅旺斯的第一印象是來自水果攤，路旁隨便一個平淡無奇水果攤，竟然都有蜜蜂的停駐，實在是天然到令人不敢相信！我們隨意買了一些水果，就徒步前往艾斯的遊客中心。沒想到在艾斯的遊客中心，折騰到快中午，此時剛好有一班前往普羅旺斯郊區的小巴士到站了，於是我們四個人坐上小巴士，開始我們普羅旺斯鄉野之旅。

大約坐了半小時，行經幾條鄉間小路，司機就告訴我們目的地到了，可以下車了。我們一行人不疑有他，付了車錢便下車，想直奔傳說中的普羅旺斯，感受一下南法的自然田園風光。此時馬路旁只有幾

個老人正在公園打槌球，對面有幾個除草工人正要除草，實在令人看出不有什麼特別的風景，更沒有拿出相機取景的必要。此時大家心情都遭透了，司機幹嘛把我們放在這麼鄉下的地方。正當我們打算等下一班公車繼續往前走，Wennie 卻告訴我們她要坐回程的公車回去艾斯市中心了。我看出她有些懊惱失望，也許是好不容易來到南法的普羅旺斯，卻找不到幾個好鏡頭值得拍攝。還來不及思索，我們的巴士就來了，只好跟 Wennie 說掰掰，繼續深入普羅旺斯的鄉間小路，天知道巴士要載我們到什麼地方去？

　　沒想到巴士繼續往前行，左邊的景色開始有所變化，我的視野中出現了十分壯闊的高山縱谷，令我驚嘆連連，原來我們走的這條路，又叫作塞尚之路，而我們眼前的這座聖維克多山（Mont Sainte-Victorie），又稱為塞尚之山，

曾經在他的畫作出現八十幾次。塞尚（Cezanne）又稱為現代繪畫之父，原因是他的畫作不再一昧地模仿自然的景色，開始從人的主觀去創造作者認為是美的色彩或造型。這種創作的理念啟發了馬蒂斯、畢卡索和後來的各種畫派，影響十分深遠。

我們一路跟 Nana 聊天聊的很愉快，不知不覺就坐到終點站了，司機說他會休息 20 分鐘才往回程開，我們就趁這空檔下車走一走。回程的巴士上，行經了我們下午第一次下車的小站，上車的乘客竟然有一個熟悉的身影─Wennie。她在原地枯等了兩個小時，都等不到回市中心的公車，唯一的一班車，就是我們坐的這班公車！只能說命運實在是太作弄人了！

尼斯的異國教堂

Nice

　　尼斯市區有一間俄羅斯教堂（Cathedrale Orthodoxe Russe Saint-Nicolas）是一件很有趣的事，由於我的行程規劃原先是有包括俄羅斯這個國家的，只是老婆嫌氣候太冷，再加上自己辦俄羅斯簽證很麻煩，乾脆就放棄去俄羅斯的念頭了。其實我也知道兩者天差地別，只不過我有搞清楚一件事，那就是旅行中重視另一半的感受，絕對比安排好的地點重要太多了。

　　我跟老婆迷路了快半小時，才找到這座隱身在尼斯巷弄的俄羅斯教堂，此時心中響起小時候玩俄羅斯方塊的音樂，有一種跟過關一樣興奮的喜悅！從地理位置來看，尼斯這麼靠近地中海，在這裡竟然可以看到俄羅斯風格的建

築。彩色旋轉的圓頂像火苗一樣向上燃燒，說是
異國中的異國風味一點也不為過。

　　稍後我們又散步來到尼斯的蔚藍海岸（Blue
Coast），我看過許多旅遊書上介紹的照片，就
是海灘上有許多藍白相間圓形的遮陽傘。在我想
像中，這裡應該是一片美麗沙灘。沒想到尼斯的
蔚藍海岸，竟然是一片由鵝卵石所堆砌的海灘，
真是令人太意外了！下午我們準備往西走，由於
久聞坎城影展這個每年眾星雲集的活動就是在坎
城舉辦，坎城離尼斯近在咫尺；當下我們就決定
從蔚藍海岸搭乘巴士去見識一下坎城的魅力。

坎城的街景有許多用歐洲各國國旗顏色彩繪的大型彩色糖果裝飾品，瑞士的就是藍白相間的顏色，義大利就是紅白綠，我們很難不注意到這些特別有趣的景物。來到坎城，當然不能錯過參觀坎城影展會場的機會。我們踏上了紅色地毯，也看到了許多影星在地上留的手印，走在坎城的星光大道上，我們都感覺自己變成大明星了！

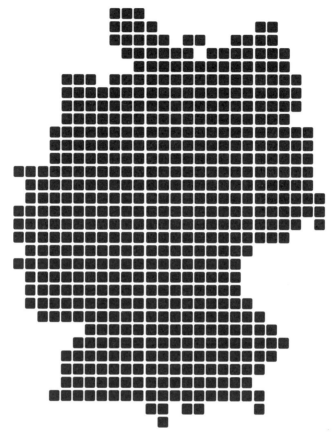

德國
Germany

德國初體驗

Deutschland

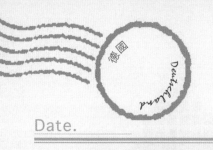

　　搭上飛往德國杜賽多爾夫的班機之後，總算可以鬆一口氣。坦白說，第一次造訪德國要去哪玩？要住哪裡？路線該怎麼規劃？這些問題我都是上飛機後，才開始翻旅遊書開始規劃，關於旅遊的所有狀況，就見招拆招吧！保有一些行程的彈性，也未必是件壞事。經過這趟長途旅行我才發現，能在出發前先訂好 30 天的住宿就已經很不容易了。每天都是長距離的移動，有時候最大的問題不是沒有房間，而是找不到自己訂的飯店。今天是我們出國的第三十四天，經歷南法這幾天的磨練，我們已經被訓練到可以在前一天訂好隔天要住的飯店，並且將隔天的行程一併規劃好。

　　杜賽多爾夫車站十分地熱
鬧，看到很多年輕人裝扮成
Cosplay，除了日本動漫的角
色，竟然有人裝扮成比利時
的藍色小精靈！我們逛了好
幾家車站的餐廳，發現很多
人站著在吃香腸，就像台灣
好吃的麵線攤，會有一堆人
蹲在路旁吃一樣。沒錯！這
就是傳說中的德國咖哩香腸。
你可以選擇夾著德國的小圓
麵包一起吃，或是小段切成
一盤。店家會加上特製的甜
辣醬，最後再灑上咖哩粉，
就成了無敵好吃的咖哩香腸
了！

　　德國的火車系統非常發
達，只要查尋一下班次表，
就能知道幾點幾分在第幾月
台搭車，既便是需要轉搭公
車，也能精確地推算多久能

夠到達目的地。德國的 IC 高速火車，平穩舒適而且十分高速，不愧是歐洲第一大工業國家。我們一上列車，就看見一群青少年，拿著約五公升的大桶啤酒，就好像我們的青少年拿著 iPod 一樣自然，一副好像不喝啤酒就遜掉的模樣，由此可見他們有多麼熱愛啤酒。

來到了科隆（Koln），好多遊客川流不息地走在商店大街，我們為自己找了一個需要德國甜點和下午茶的理由，於是我們來到了一家百年咖啡店，點了咖啡和蛋糕，讓苦澀與甜美的滋味能夠適度地轉成一種昇華的氣定神閒。

喝完下午茶來到科隆大教堂，看到教堂外面有許多施工的設施感覺有點失望，不過還是讚嘆科隆教堂竟然如此雄偉高大，大到我必須後退很遠，才能將整個教堂入鏡。教堂的內部很莊嚴，有許多人坐在長椅上十分虔誠地低頭禱告，感受到一股祥和的氛圍。

天色漸漸暗了，我們查看地圖，發現可以搭火車到貝多芬的故居波昂（Bonn）逛逛，於是轉搭了當地的電車。到了波昂天色已晚，廣場上有一座小小的教堂，古老的街道用石子舖成，走起來十分愜意，卻苦了我們這兩個拉著行李箱的旅人。夜晚秋意更濃，我們走進了一家很道地的德國餐廳，女服務生穿著德國巴伐利亞的傳統服裝協助我們點餐，點了一份德國豬腳、德式香腸和大杯的啤酒。豬腳份量足足有台灣的兩倍大，再搭配一旁的酸菜、芥末和德國啤酒，實在是太豪邁、太過癮了。

海德堡古城
Heidelberg

　　搭乘市區的電車，很快地就來到了海德堡車站。從遊客中心大約三十分鐘就能走到山頂。石階路其實很好走，路標也很明確，只要一直沿著石階往上走就能走到，還可以順便欣賞沿途的景色。這種刻意將旅遊步調放緩的方式，走起來有一種踏實感，可以很真實地感受自然的微風，聞一聞兩旁樹木的味道，還可以跟路過的當地人打個招呼。

　　進入了海德堡園區，我們看到海德堡許多年代久遠的紅磚建築。有的只剩下一面牆，卻被稱為當時的城堡，有的只剩下一個坑，卻是當時最美的庭園噴水池，只能說經過歲月的摧殘、戰火的

洗禮，留在海德堡的只剩過去的宮廷故事。據說當時海德堡的國王曾經迎娶一位英國的公主成為皇后，這段德英的聯姻成為一段佳話，也因為這位皇后思念英國的家鄉，才將宮殿內許多的花園造景設計成英式的風格。除此之外，德國的文豪歌德也曾經遊歷海德堡，他的愛情故事發生在海德堡，許多文章詩篇的靈感，也來自於遊歷海德堡的時期。無論如何，這些故事都讓我們增添了許多遊歷海德堡的樂趣。

我們來到一個直徑約三米的超級大酒窖，據說當時的人民，必須釀葡萄酒繳稅，將葡萄酒統一收集在這些大酒桶給國王。此外，還有一間醫學博物館，裡面陳列了中古世紀德國醫生用的手術器具與書籍。當時海德堡的醫學研究，應該是對德國後來的醫學發展影響深遠。

最美的景色並不在海德堡的建築物本身，而是從高處向下眺望整個城鎮的風光。走到戶外的花園，從高處俯瞰海德堡全景是最美的。眾多紅色的屋頂形成的城鎮，拱橋跨過河岸延伸的景色，是一片漸漸被秋意染黃的森林。結論是，國王總是將最棒的視野留給自己。

汽車迷的天堂
斯圖加

Stuttgart

進入保時捷博物館就像是精品展示館，入場需要 8 歐元門票，附中文語音導覽，可以瞭解保時捷創始的發展歷史。

我們看到很多造型新穎流線造型的跑車，導覽告訴我們保時捷是專門為了賽車而設計車款，每一輛保時捷跑車都必須通過比賽實測。

透過參加賽車比賽，讓保時捷車廠更了解如何應用科技來減低風阻，以確保汽車的動力性能足夠在賽道上發揮到最極致。

　　重點是專為賽道設計
的保時捷跑車,後置引擎與符合流體力學
的設計,每一輛跑車都令人驚艷,尤其是經
典的 911 車款,如此動感與卓越的性能,
已經成為保時捷的另一個代名詞,讓每個人
都想收藏一輛。

　　我們今天另一個行程還有
賓士博物館(Mercedes-Bens
Museum),從市區坐捷運幾
站就到了。不過到了捷運出
口,還要走大約十分鐘才會
到賓士博物館。賓士博物館
所展示的汽車種類十分地豐
富,從展場一進入,就會先

看到一匹白馬。沒錯，在人類的歷史上，絕大多數的長途移動是倚靠馬匹。

接著，我們看到歷史上第一輛由蒸汽發動的汽車。有工程車、消防車、郵務車、校車、旅行車，每一輛古董車都令人驚奇！換言之，賓士博物館展示的是交通工具的發展歷史！

RFID 的運用讓語音導覽也變得很有趣，只要走進一個展廳，靠近某輛汽車前面，語音導覽就會自動開始介紹這輛汽車的歷史。將創辦人的事蹟就像

說故事一般，娓娓道來，從中我才瞭解到賓士創辦的歷史。

一開始創辦人經商失敗，卻從報上看到汽車代理的廣告，由於汽車是很新奇的新產品，他就開始引進幾輛賣給尼斯的富人，沒想到賣得很好，也為他賺來很多財富。至於 Mercedes 這個名稱，竟然是以他心愛的女兒的西班牙名來命名的，實在是很有意思。

我們很欣賞賓士汽車追求卓越設計所展現的精神，雖然不像保時捷的跑車呈現著熱血賁張的熱情，不過他們對於汽車設計如此地執著，彷彿賦予每一輛車都有各自的靈魂，確保每輛汽車在各種領域都能發揮最優越的性能。

薩爾斯堡
Salzburg

　　抵達薩爾斯堡（Saizburg）的時間大約是下午四點，有一位戴著小飛俠帽子的奧地利男子，很熱心地為我們指引旅館的方向，才終於順利找到青年旅館。我們朝豪斯登堡的方向走，到河畔的時候，還下了一些小冰雹，打在臉上有點痛，心中卻雀躍如此幸運可以遇到下冰雹，旅途的小插曲常常是可遇而不可求，這個時候如果下點雪也很棒。

　　天氣有點寒冷，太陽也快下山了，看著山頂上的霍恩薩爾斯堡要塞（Festung Hohensalzburg）像是在召喚我們，我們便一步步地朝著山頂邁進。

　　爬了大約四十分鐘才來到城堡的入口坡道，爬坡的角度馬上變成將近 60

度。據說霍恩薩爾斯堡要塞是歐洲少數沒被武力攻破的要塞，要是有敵人來襲，從上方滾幾個大石頭下來，鐵定讓敵人嚇破膽。這樣易守難攻的地形，讓我們兩個人吃足苦頭。我們爬到氣喘呼呼，兩腿發軟，才終於登上霍恩薩爾斯堡要塞的頂端。剛剛暗下來的天色，呈現出一種紫色的夢幻，華燈初上，泛著黃色的光芒令人覺得溫暖，登高望遠，整個薩爾斯堡的夜景都盡收我們眼底。

　　在旅館內洗完澡後，心中正在苦惱明天要去哪裡玩？此時看到的三位華人朋友，共坐一桌正在聊天，我便向前跟他們打招呼，他們都是台灣人，正在討論旅遊的資訊，其中兩位朋友在剛從國王湖過來，相關民宿和往返的交通資訊都能提供給我。當下我就決定明天就前往國王湖（Konigssee）。

國王湖

Königssee

　　轉車來到國王湖站的時候已經下午四點多了，大部分人都往外走，只有我們兩個人拉著行李向內走，兩旁出現很多商店和民宿，漸漸地一個美麗的湖泊出現在我們的眼前。霧氣迷濛在整個湖面，群山環繞，十分幽靜的景色。

　　可惜遊湖的船都已經休息了，必須在這裡借宿一晚，明天早上再來。我們在巴士站一直等不到公車，只好自己拖著行李向車站走。走著走著天色漸暗，第一次在阿爾卑斯山腳下行走，路上一個人都沒有，積雪的山峰伴著夕陽的餘暉，感覺景色很美卻有點想哭，因為不知道我們走的方向對不對，也找不到任何一個路人來問路。就在我們越走越累，天色也越來越暗的時候，後方有一輛車子慢慢地停靠在我們前面。車上是一對德國的老夫婦，問我們要不要搭他們的便車，我感激得快哭出來了，真是奇蹟，天使來救我們了！

　　到了車站我們沿著馬路走向民宿走，不知道是不是當地人都很早睡，晚上七點多幾乎燈都已經熄了，我們走到民宿的門口敲門，等了十多分鐘都沒有人回應。我心想糟糕了，今天晚上沒地方住了。此時我們的小天使 Afra 開門走出來，我告訴她我們想住宿一晚，她說她也是房客，不過可以幫我們用德語問一下女主人。Afra 是台灣來的女生，德語卻相當流利，奇蹟又再出現了，我們終於順利地住入這家民宿。

　　第二天的早餐是由民宿女主人幫我們準備好的，有水果、起司、德國小麵包，還有奶油、牛奶和咖啡，十分豐盛。我們很好奇，Afra 一個人來德國做什麼，她說她辭掉台灣的工作以後就來歐洲旅遊，已經去過漢堡、慕尼黑、還有

波蘭一些慘絕人寰的納粹集中營，
在德國已經待好多天了，剛好遊
歷到楚格峰就順便來到國王湖。
她推薦我們可以坐纜車上楚格峰，
這是在歐洲唯一可以花四十七歐
元就無痛登頂的山峰。我們聽了
很心動，決定下一個景點就去楚
格峰。

從民宿大約十分鐘的車程，我們
就抵達觀湖的碼頭。由於德國人很重
視環保，因此我們遊湖所搭乘的交通
工具是不會污染湖泊的蒸汽船。幾乎
船艙內每個座位都已經坐滿人了，湖
面清徹地就像一面鏡子，將眼前雄偉
的雪山與翠綠中帶有秋意的樹林，都
完全映照在湖面上。

每個人都睜大眼睛，不敢相信竟然有如此天然潔淨，如畫一般的美景，說這裡是人間的秘境一點也不為過，我們除了用相機留下這美好的一刻，也要永遠記住這裡的一草一木，這裡的美景好像不是屬於人間似的，我們心中所憧憬的美麗境界就在國王湖。

船漸漸地停靠岸，碼頭旁邊有一座紅色屋頂的白教堂，可以算是國王湖最著名的地標了，我們以它為主角，拍了很多照片，就算我不太會攝影，幾乎每張都能做成風景明信片。秋天景色怡人，樹葉都已經轉成鮮豔的黃紅色，我們在湖邊散步，搭配藍色的湖水與壯闊而潔白的雪山，湖水十分清澈，看著鴨子在湖中緩緩滑動，其實也挺療癒的。

楚格峰

Zugspitze

　　早上起床窗戶一打開，一片白色的雪山正對著我們，遠遠地還能看到滑雪賽道，我們已經來到楚格峰山腳下了。依照地圖找到了小火車的乘車處，令人興奮的攻頂火車就要出發了。

　　這輛火車最特別的就是它以 45 度角斜度往山頂上爬，有些山洞是直接鑿穿雪山，讓火車直接攀爬到山頂。景色在我們眼前逐漸地變化，從覆蓋部分積雪的樹林，漸漸變成一整片白茫茫的雪白世界，終於來到了楚格峰的纜車車站。抵達纜車站時的氣溫只剩下零下五度 C，用圍巾和手套將自己全身包得密不透風，還是凍僵了。隨後我們搭乘纜車來到楚格峰的山頂，確實是不用背登山大包包就能成功登頂！

　　山頂上的風很強，依舊不減成群遊客的興緻，許多人拿著滑雪車往山坡上走，再興奮地從坡道上快速的滑下來。第一次看到山上雪景的我很興奮，用滑雪車從高處滑下來，差點沒摔個四腳朝天，還是大呼過癮。老婆從坡上滑下來以後，也玩瘋了！

　　山頂上的鳥都是飛行的高手，牠們很會利用山上的氣流，只要展翅就能一直翱翔在空中的某個定點上，我們由下往上看，牠們就像是飄在空中定格一般。有些人會拿零食向上一拋，這些鳥兒就像是訓練有素一樣，立刻將零食接殺，就NBA的籃球明星，在空中拿到傳球就灌籃一樣地精采。

　　綿延不絕的雪山環繞在我們四周，雪景有一種冰清玉潔的感覺，群山則象徵堅毅不拔的精神，雖然不是靠我們自己一步步登上楚格峰，冒險的心卻是相同的，想登上最高峰的凌雲壯志也是一樣的。

柏林動物園
Zoologischer Garten

　　柏林動物園的第一個特點，就是動物居住的建築物造型很奇特。有的像伊斯蘭的建築風格，有的像中國式的建築，例如出口處的拱門就很東方風。

　　動物園內的造景很美，秋天的柏林，色彩也很繽紛。我們看了非洲草原的動物，群居在水池邊的水鳥，最有趣的是看到柏林動物園中有名的北極熊。沒想到我第一次看到北極熊，心中卻在想像他喝可樂的樣子，只能說廣告的威力實在太強大了。

　　天氣越來越冷，轉眼間我們已經來到德國十三天了，後天就要離開德國了，回想當初剛到德國的時候，一句德文也不會說，只知道從西邊的杜賽多爾夫機場進入德國，15天後從北邊的漢堡機場出境，在加上一本簡易的觀光手冊，其他住哪裡、玩哪裡都是下飛機後再想辦法，竟然也能創造出這麼多豐富的旅程，很感謝很多幫助我們的好人，因為有他們，我們才能走到這裡。

漢堡

Hamburg

　　漢堡的市政廳很漂亮，由於十分靠近海邊，走路十分鐘就可以來到渡輪碼頭。一直以來，漢堡因為近海，很適合與鄰近的國家商業貿易，因此這個海港的城市一直很富庶。空氣中散佈一種海的味道，有些遊客正打算乘船出遊，有些遊客像我們一樣，在岸邊散步看海鷗。

　　我們搭火車快速地瀏覽了漢堡市區，碼頭區有許多大型的貨櫃正在裝卸，岸邊停靠了許多白色的遊艇。漫步在市區內，可以看到許多經歷戰火遺留下來的教堂，被燒得焦黑，也有許多修復過的痕跡。戰爭在這個城市留下了不少烙印，不可避免地被歷史的洪流中沖刷，被時代的巨輪輾過，其餘殘存的，才是我眼前的一景一木。

　　散步來到碼頭旁的公園，看到一尊五米高的鐵血宰相——俾斯麥的石像，腳底下卻被人用噴漆塗鴉。我十分感慨，權力是流動的，即便你在其位時握有再大的權力，時過境遷，竟然沒有人願意為你清理腳下的塗鴉！

　　我們行經一條幾乎賣的都是情趣相關物品的大街，五光十色的霓虹招牌，看了令人臉紅心跳，提醒我們要注意漢堡的夜間治安，傍晚的時候就早早回飯店了。

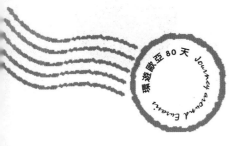

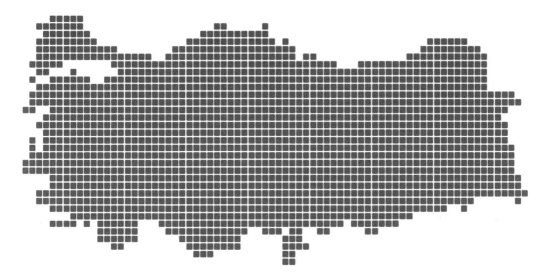

土耳其
Türkiye

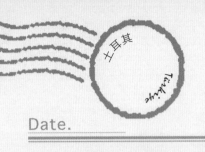

土耳其
Türkiye

Date.

初探伊斯坦堡
Istanbul

　　土耳其的簽證是出發前在台北信義區的土耳其在台辦事處申請的，準備好我和老婆的照片，填寫相關申請表還有一次簽證的費用交給櫃檯人員，幾天後就申請下來了，第一次自己申請簽證十分有成就感。

　　我們坐渡輪來艾米諾努（Eminonu），碼頭旁有許多賣燒烤的龍船在岸邊搖搖晃晃，週遭的人潮擠得水洩不通。龍船紅色的船身，色彩被點綴成十分鮮豔，船夫在船上燒烤海鮮兼賣一些冷飲。老婆嘗試買了一杯顏色很鮮艷的紅

橘色酸飲，酸勁有點像是濃縮的水果醋，因為很酸，我嚐了一口差點快吐出來，這大概是我這輩子喝過最詭異的飲料，沒想到老婆卻整杯喝完還想再買一杯。適應力對一個背包客來說十分重要，也許她當背包客潛力遠遠勝過我。

　　飯店離藍色清真寺很近，不過我們被另一個景點吸引，那就是伊斯坦堡地下宮殿（Yerebatan Sarayi）。據說這個地下宮殿的主要功能是引進 20 公里外的黑海淡水，最多可以儲存 8 萬立方米的淡

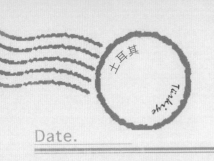
　　水，在戰爭的時候才不會因為敵人圍城而斷糧斷水。地下宮殿的內部非常壯觀，在外面一點也無法想像內部有這麼大的空間，石柱林立成好多排，看起來就像是身處在宮殿一般，只不過走道兩旁是深不見底的水池，偶爾還會看到魚群穿梭在其中。

　　地下宮殿最詭異的地方，是其中有一個石柱底下，隱藏有一個兩米高的梅杜莎頭像，頭髮都是毒蛇加上凶惡的眼神瞪著你，彷彿一眼就要把人變石像，如果敵人膽敢從水道潛入地下宮殿，看到這個梅杜莎的頭像應該會被嚇破膽。

Date.

托普卡普皇宮
& 藍色清真寺

Topkapı Sarayı
& Sultanahmet Camii

　　土耳其的早餐，法國麵包很軟，而且是沾巧克力醬來吃，再搭配一些橄欖和一杯熱紅茶就是典型的土耳其早餐了。我吃了幾天就習慣了，而且還覺得別有一番風味。

　　來到托普卡普皇宮（Topkapi Sarayi），一早皇宮前就排滿了一條長長的人龍，熱門的觀光景點就是如此，需要花一些時間買票進入。托普卡普本來是鄂圖曼帝國時期蘇丹

住的皇宮，蘇丹也就是國王的意思。大門口有兩座土耳其特色的尖塔，由於國王都是由此大門進出，因此又稱為國王之門。

皇宮內有許多青色磁磚，上面畫著伊斯蘭風格的圖騰，感覺美極了。接著蘇丹的起居室，以及皇室的文物展示廳都十分精美，除了有鑲著超大紅寶石的托普卡普彎刀，這裡還一顆號稱世界第七大的湯匙師匠鑽石，大約有 86 克拉，眾多歷代國王所留下來的珍藏寶物，就像我們的故宮一樣，都屬於國寶等級的收藏品。不過內部禁止拍照，只好用眼睛多看一些。

　　下午去逛了埃及市集，據說這個市集已經有數千年的歷史，而且相當地大，有很多賣香料的商店，服飾店以及販賣紀念品的商店。我們隨意逛逛，裡面大的跟迷宮一樣，走了很久才終於找到出口走出來，來到了藍色清真寺。

　　藍色清真寺（Blue Mosque）是伊斯坦堡最著名、最具有代表性的清真寺。從外部就可以看到它有六座喚拜樓，是世界上絕無僅有的清真寺。我們入境隨俗，跟一般民眾一樣脫鞋子才進入。藍色清真寺的內部相當大，走入大廳的時候要十分安靜，因為裡面有很多教徒正在虔誠地膜拜，我們試著抬頭感受一下大廳上方的圓頂，由形形色色幾何圖型所組成的伊斯蘭圖騰，許多人抬頭仰望著圓頂沉思，不知道他們是否將它想像成宇宙星空，我也開始沉思起來。

　　隨後來到聖蘇菲亞教堂，早期伊斯坦堡又稱為君士坦丁堡，歷經天災人禍甚至十字軍東征，過去曾是拜占庭帝國最繁榮的都市，君士坦丁堡後來被鄂圖曼帝國攻陷，就將原為基督教堂的聖蘇菲亞教堂（Ayasofya），改建成的聖蘇菲亞清真寺。

　　這裡一直以來都是東西方兵家必爭之地，直到後人在修築清真寺時，才發現許多珍貴基督教的鑲嵌畫，後來土耳其共合國成立，才將聖蘇菲亞教堂改成博物館。由於當初改建時只是用泥土牆蓋住，目前聖蘇菲亞教堂內部才得保存過去珍貴的耶穌鑲嵌畫，見證伊斯坦堡過往的歷史。

土耳其浴初體驗
Taksim Meydanı

　　塔克辛（Tkasim）是伊斯坦堡十分都會感的區域，有餐廳、商店街，男男女女與我摩肩擦踵。我們隨意走走看看，走累了就跟當地的土耳其民眾一樣，坐下來點一份土耳其紅茶和甜點。

　　土耳其的甜點，真是甜死人不償命的甜，看起來有點像是多拿滋棒，只不過外面又多了裹一層油亮的白色糖霜。我們一邊吃下午茶，還可以看到一些有趣的事，那就是土耳其的計程車司機到了下午，會停車下來買一份甜點，吃完了才很滿足地回車上繼續開車，這樣的行為就像台灣的司機，開車要買檳榔來吃一樣，只不過這裡的司機是吃甜點解饞。

135

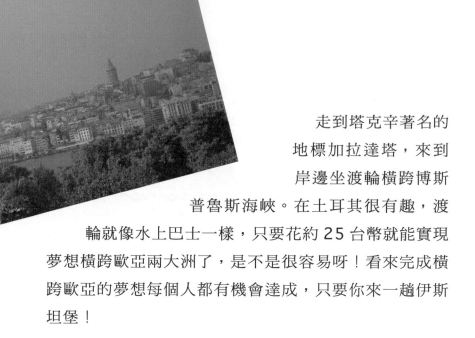

　　走到塔克辛著名的
地標加拉達塔，來到
岸邊坐渡輪橫跨博斯
普魯斯海峽。在土耳其很有趣，渡
輪就像水上巴士一樣，只要花約 25 台幣就能實現
夢想橫跨歐亞兩大洲了，是不是很容易呀！看來完成橫
跨歐亞的夢想每個人都有機會達成，只要你來一趟伊斯
坦堡！

　　隨後我們找到了在伊斯坦堡十分有名的土耳其浴，
洗一次要一千多台幣，為了體驗，我和老婆都決定要試
一試。只不過男女有別，男生是由男師傅，女生是由女
師傅負責。付錢之後櫃檯人員發給我一套盥洗用具，裡
面有肥皂、手套還有浴巾，接著要我上樓脫衣換上浴巾。
我等了好一會兒，終於有一位男師傅帶我進入澡堂。澡
堂看起來十分歷史悠久，中間有一個圓形的平台，冒出
陣陣地蒸氣，有許多洗好澡的年輕男子，平躺在這個平
台上休息呈現不同的姿勢，看他們仰望著藍色的圓屋頂，
感覺十分地放鬆。替我服務的這位男師傅，是留著兩撇
大鬍子的彪型大漢，典型的土耳其中年男子。他戴上手
套，抓起水盆和肥皂就開始用力地在我身上刷洗，搓得
我皮膚痛得要命，整個人都快脫一層皮，我全身的汙垢
應該都被他刷洗乾淨了。

　　師傅幫我都沖洗完畢後，他要我在澡堂中央找一個位置，在平台上躺着休息。當我像其他人一樣躺在圓頂下的平台，一陣陣暖氣烘在我的後背，眼睛不自覺地就閉上，剛剛刷痛的後背突然變得很輕鬆自在。張開眼睛後，抬頭仰望著圓頂，好像滿天的星斗，突然間我覺得好像感受到了宇宙，有一種天人合一的感覺，土耳其浴實在是太神奇了。

　　出了澡堂之後，男師傅跟我要了小費，我付給他之後，老婆也洗好了。我好奇地問她：「洗得如何呀？」，她說女師傅不夠力，刷得太輕。我回答老婆：「下次小費記得先付，力道才會夠！」

卡帕多奇亞
Cappadocia

　　土耳其的國土大部分都是高原地形，鐵路並不發達，大部分的人都是搭長途巴士往返土耳其各大都市。因此搭乘五六小時車程的長途巴士旅行算是很正常的。不過車上沒廁所，上車前廁所一定要先跑一趟，如果中途有休息站，一定還要再去，以免在巴士啟動後，後悔莫及。車上有小型的液晶電視，可以看當地的節目，我們聽不懂土耳其話，把耳機接著聽音樂，看著窗外一片高原的景色，十分有旅行的感覺。

　　車子不知道開了多久，我們到了某個車站，司機知道
我們要到卡帕多其亞，就指示我們可以轉搭另一輛巴士。
轉了幾班車，終於來到了市區，我們來到的地方是內夫謝
希爾（Nevsehir），距離奇岩怪石的居雷梅（Goreme）
已經不遠了。隔天一早我們從飯店出發來到居雷梅，這裡
的景色十分奇特，由各種奇岩怪石環繞所形成的村落，彷
彿來到了石頭族樂園。據說從前的村民都居住在洞穴屋內，
現在這裡大多都已開發成民宿或洞穴旅店。

我們走進看起來最老字號的旅行社，詢問越野機車之旅要多少錢？一位中年男子站起來，給我們一個報價，同時提到如果參加他們的熱氣球，紅綠線的行程將半價優惠。由於他看起來像是有決定權的老闆，我們決定跟他談判殺價。首先。我要知道他說的熱氣球公司是不是口碑最好的，價格最貴的公司？畢竟熱氣球公司的價格，從150歐元到100歐元都有，服務品質和口碑相差非常多。他告訴我們絕對是150歐元的等級，如果我們願意參加，外加紅綠線的行程和越野機車每人只要180歐元。最後，我們以每人165歐元成交，先預付一半的訂金，旅程結束再付尾款。他說我們很幸運，有很多客人因為氣候不佳

等了好幾天都不能飛熱氣球，明天上午早上五點起床就可以去坐熱氣球。至於綠線行程，明天九點開始，後天走紅線的行程，今天下午就可以開始進行越野機車的行程。一下子，我們在卡帕多奇亞的行程，全都確定了，我心中知道這是一個漂亮的談判。

　　吃完午餐後，我們來到集合地點，準備開始我們四小時的越野機車之旅。除了頭盔要戴好，穿上防風雨衣，還有全程陪同我們的年輕教練，教導我們如何操作越野車。我有點擔心老婆是否能獨自騎一輛越野機車穿越崎嶇的山路，完成整個旅程，沒想到她說沒

問題，她有自信能完成全程，接著我們就出發了！這是我第一次騎越野機車，這種越野車在顛頗的山坡地形最適合發揮它的性能！只要催油門，它就往前跑，四個大輪子可以充分發揮避震的效果，也不用擔心會翻車的問題。

沒多久我們來到了玫瑰山谷，整個山谷就像它的名稱一樣美麗，山谷的岩壁除了有土黃色，還染上微微的腮紅，就像少女的臉頰一般紅潤。嚮導告訴我們可以把車停好，沿著山路走進去，會發現山洞裡面有教堂。我們半信半疑，這種荒郊野外怎麼會有教堂？走進去山洞一看，牆壁上真的有十字架的刻痕，還有耶穌的畫像，真的是太神奇了。據說過去有些基督徒，為了躲避伊斯蘭國家的迫害，就來

到卡帕多奇亞的山洞中居住，因此許多教堂都是設置在山洞中。我們順著山路走到一處高原，沿途都是自然的野生植物，此時夕陽西下，將玫瑰山谷映照得更紅。我靜靜地聆聽山谷捎來的風聲，心中滿滿的喜悅與感動。

天色漸漸暗到只能靠車燈的照明來辨識道路，很快地今天四個小時的越野機車行程就要結束了。我們玩的很過癮，雖然天氣實在很冷，為了冒險探索卡帕多其亞，就算雙手都凍僵了，熱情依舊溫度不減，越冷玩越大。

熱氣球之旅
Balloons

　　一早四點半就起床了，五點左右旅行社就派專車來接我們到熱氣球公司。我們被集中在餐廳享用早餐，分配好組別之後，便搭車來到熱汽球升空的場地。熱氣球公司名稱叫做 Butterfly，今天總共分成三組，一組大約 15 人，依組別分配到三個熱氣球。此時天色微亮，我們來到一片空曠的高原，看到有些熱氣球已經升空。天氣冷極了，穿戴好圍巾以及手套，還是覺得寒風刺骨。工作人員準備將熱氣球充氣升空，原先還睡意惺忪的我們，看到熱氣球正在發出熊熊烈火，再也無法抑制心中的悸動，高舉夢想的熱血也像烈火一般，炎熱地沸騰著。

　　此時機長告訴我們一些經驗談，他打趣地說萬一我們迫降的時候，記得在

熱氣球上擺出漂亮的姿勢。實在是有夠冷的冷笑話，不過
也紓解了一些升空前的不安情緒。機長其實有許多年飛行
的經驗，只要大家遵從他的指示，應該可以順利的完成這
趟飛行。熱氣球看起來像是全新的，我們一組 15 個人依
序爬入熱氣球的籃子當中，每個人大概都只剩下一個向外
望的站位。當沙包一一從熱氣球上往外拋出，熱氣球就緩

緩地離開地面升空了。當我們成功地升空，大家都忍不住地發出歡呼聲。地面上的景物漸漸地變得越來越小，每個人都驚嘆連連。我們飛在空中追夢，此時天邊的夢想不再遙遠，所有卡帕多奇亞的美麗景色，都近在我們的眼前。

卡帕多奇亞的奇特地貌，是由各種奇岩怪石形成的山谷，據說幾千年前經過火山噴發和數千年的風化，才形成現在的地形地貌。我們乘坐熱氣球緩緩地飄在各山谷之間。突然間，機長將火勢加強，熱氣球開始越升越高，高到其他空中的熱氣球都變得十分渺小。

熱氣球不斷地升高，我們進入了濃厚的雲層之中，此時應該已經升到了三千英呎的高度，氣溫實在是很冷。正當我疑惑的時候，熱氣球突然衝出雲端，太陽在雲海之上就出現在我們面前，有如明鏡般發出強烈的白光，就像看日出一樣，想看她卻無法多看她一秒，此時的景色令所有人都驚嘆不已。

熱氣球成功地降落後，熱氣球公司派了一輛車送來香檳，機長頒發乘坐熱氣球的證書給我們，大家一起舉杯慶

祝達成夢想這個美好的時刻。能夠有這樣升空的經驗實在是很難得，我很慶幸當時有多花一些錢，請專業的熱氣球公司帶我們升空，畢竟一個小時的熱氣球飛行就要花150歐元，實在是不便宜，不過一生體驗過一次就足夠了。

下午來到卡馬柯爾（Kaymakli）地下城市，據說以前這裡的人為了躲避宗教的迫害，寧可居住在地底下，像螞蟻一樣在地下挖了九層的蟻穴，最多竟然可以居住幾千個人，實在是令我感到不可思議。我們一路就像走地下室的階梯一樣，一層一層地往地下走。導遊跟我們介紹裡面有起居室、有廚房，還有特製的空調室可以傳達聲音，甚至是教堂，應有盡有，就算要度過一個冰天雪地的寒冬，也有足夠的糧食。我們越深入地下城市的內部，越覺得深不可測。彷彿是由無數的洞穴連結成的地下城市，有些走道只能容納一個人前進，如果是胖子，應該會在這裡生活得相當辛苦。

早上飛行了幾千英尺的高空，下午就地遁到數百公尺的地底下，實在是很有趣的一件事。卡帕多奇亞是一個奇妙的地方，有無數多個圓椎狀的岩石和無數多的山洞，一切充滿了原始的美感，山谷中不知道還隱藏了什麼秘密，彷彿來到了星際大戰的外太空，給人一種深邃的神祕感，卡帕多奇亞絕對是旅人探索必遊之處。

科尼亞
Konya

　　回到內夫謝希爾（Nevsehir）的小鎮，我們的土耳其幣里拉都用完了，如果沒有地方換匯，可能馬上寸步難行。鎮上的金融機構好像因為伊斯蘭的節慶都休假了，還好有一位好心的土耳其男子，說他朋友開的銀樓可以換錢，就帶我們去找他的朋友。果然，我們很順利地用合理的匯價，換到了一些土耳其幣。這位土耳其先生，讓我感受到了濃濃的人情味，雖然這裡只是土耳其一個不起眼小鎮，卻住著最善良的一群人。

　　我們找到了長途巴士的乘車處，準備一路往西行，去到土耳其中部的一個城市，科尼亞 (konya)。巴士大概開了五個多小時，來到科尼亞已經天色已經暗了，於是我們就找當地的旅館投宿了。

　　隔天我們來到美夫拉納博物館（Mevlana Muzesi），綠色尖頂是了科尼亞的地標。過去我一直以為土耳其是一個回教國家，所以大多數土耳其人應該信奉回教，其實並不然。美夫拉納是另一個土耳其境內的宗教，主要的精神領袖美夫拉納曾說過一句名言：「你真如外表所見一般，或如你內在所呈現一般，最好兩者都不是。」多麼富哲理的一句話呀，讓我還想再多看看他其他的著作。

　　很多人都知道土耳其旋轉舞，卻不知道科尼亞正是美夫拉納的旋轉舞發源地，其實旋轉舞並不是一種舞蹈表演，它其實是美夫拉納教派的一種宗教儀式，象徵天人合一，收放宇宙萬物的能量。

　　隨後我們又來到了卡拉泰神學校博物館，進入屋內抬頭就會看到炫目的藍色屋頂，用十分細緻的幾何圖形所裝飾，內部還有陳列了美夫拉納風格的棺木，以及充滿伊斯蘭色彩的青色瓷磚。每一片青色瓷磚的花紋都相當精緻，畢竟在當時要能燒出這麼鮮艷的瓷磚，是很困難的！

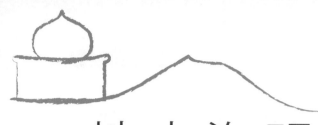

地中海明珠
安塔利亞
Antalya

一早散步到安塔利亞的海邊，才知道我們住的飯店離海有多近，岸邊有一個船夫想招攬我們乘船出海，最後我們改變心意，就同意上船出遊了！

乘風破浪來遊歷地中海，應該是最好的方式。我在船首選了一個可以迎著海風看天看海的躺椅，兩手抱在頭後，好好享受地中海的陽光，希望能把前兩天寒冷的感覺都驅除。來到了峭壁旁的小瀑布，水花飛濺在身上卻很過癮。沿著海岸線行駛欣賞地中海之美，回頭看看我們身後岸邊的景物越來越遠。

船行駛在遼闊的地中海，心也跟著開闊了。我們跟同船的韓國夫婦打招呼，得知他們是新婚來土耳其度蜜月的，就告訴他們一些卡帕多奇亞的旅遊資訊。在跟韓國人聊天的當下，我發現我和老婆的英文溝通能力越來越好，現在遇到世界各國的人都能溝通了。

上岸之後，遇到了賣冰淇淋的小販，他身穿土耳其的傳統服裝，戴着紅色的圓帽。由於土耳其冰淇淋的特性就是相當黏，他玩了許多花招來捉弄我們，我們被他逗的哈哈大笑。

接着去參觀安塔利亞的地中海博物館，裡面陳列着安塔利亞出土的古希臘、羅馬文物，許多西元二世紀的希臘神像雕塑都栩栩如生，充滿美感和靈氣，每一件雕像都令我十分驚嘆。除此之外，這裡還有最早在地中海流通的金幣和銀幣，甚至還有眾多裝飾精美的石棺，不過有些連骨頭都一起陳列展示，喜歡考古的人可以考慮來參觀這裡。

帕母卡雷之魔戒遠征軍
Pamukkale

　　乘坐巴士來到了帕母卡雷的入口，清澈的湖水陪襯著狀似白雪的雪山，頓時感覺好像來到一個仙境國度，湖水清澈到能清楚看到湖底的水草，對我迎面吹來的清風還有些寒冷。

　　我們從山下望著山頭，倒抽了一口氣，心想從山下爬上去，應該不是件容易事。沒想到管理員這時候出現了，告訴我們必須脫鞋子才能登山，我們沒有時間猶豫了，於是就脫鞋子照著做，開始一步一步往上爬。

　　在氣溫只有五度 C 的帕姆卡雷，脫鞋走在寒冷的冰水中，再加上地面上還有一些碎石頭，走起來可以說是眼睛在欣賞美景，雙腳卻在承受冰水刺痛之苦，還要小心可能會滑倒。我們一階階往上爬，走在這個很像雪地，實際上卻是石灰岩形成的棉堡，突然間覺得自己就像魔戒遠征軍的山姆和佛羅多一樣，即便山勢有些險峻危險，為了理想，不怕寒冷，不怕艱苦地往山頂爬。而我就是山姆，在旅途中要確保和老婆一起平安地完成旅程，回到溫暖的家。還好越往山頂走，腳下的泉水越溫暖。原來山頂上還有天然的溫泉，許多遊客都將雙腳泡在溫泉，我們也加入他們，愉快地泡腳欣賞著棉堡的天然奇景，從山上往下望，這裡的地形就像是一池池的梯田。池水泛着清澈透明的藍綠色，再搭配整片白石灰岩，感覺十分地夢幻。這座雪白色的山，其實是長年沖刷下產生白色沉澱物，當溫度高達 35 度 C 的山泉水接觸到空氣，就產生了二氧化碳和碳酸鈣，又稱為白堊現象。石灰岩地形看起來銀光閃閃，就像是白雪一般潔淨，有些模特兒故意穿比基尼在這裡拍寫真照，不知道的人還以為她十分敬業，在冰天雪地還能忍耐寒風刺骨。

再往山頂內部走，可以看到希拉波里斯（Hierapolis）的遺跡，據說兩千年前羅馬人在棉堡上方建立城市，最多有十萬居民曾住在這裡，沿著殘破的石階走，看到一根根希臘風格的石柱及風化的石牆，此時我的手機音樂剛好在播放林俊傑的歌曲，歌詞唱到「一千年以後，世界早已沒有我」，內心不禁一陣激動，我想一千年以前，住在這裡的人早已灰飛煙滅，一千年以後我來到這裡，踏上他們曾經走過的石階路。歲月無情，卻很公平地給每個人同等的時光去創造該年代的美好，不是嗎？

艾菲斯遺跡
Efes

Efes 的遺跡有好幾座希臘露天劇場，我看過很多歐洲的希臘劇場大多已經毀壞，這裡目前還保存相當良好，甚至還有舞台的後台，可以讓表演者從休息區，依循動線走上台，設計得十分實用。

由石頭鋪設的石板路，到現在依然可以使用，石碑上留下許多希臘文字指示地標，當時的都市設計還真人性化。Efes 遺跡中最值得一看的就是賽爾瑟斯圖書館，但現在只剩下門柱及整片石牆，石壁中放了四尊代表知識，學問，聰明，高潔的女神像，石柱周圍十分地精緻典雅，當時的希臘人追求真理，特別熱愛智慧女神。

再往前走，還可以看到哈德連神殿及過去的市集遺跡。我們看到當時就有公廁的設立，一整排坐式的馬桶，連馬桶最早的雛形，都已經出現了。

　　離開 Efes 遺跡的路上，我們看到馬路旁有一間招牌很大的韓國餐廳。吃了好多天土耳其的食物，早就想換吃亞洲的口味，於是就決定在這間韓國的餐廳吃飯。來到韓國人開的餐館，看不懂菜單，英文也無法溝通，只好亂點一通。沒想到菜色令人胃口大開，無論是泡菜或是辣醬的風味，都是正宗的韓味。在亞洲很普通的白米飯，一碗簡單的海帶湯，能在土耳其吃到，都是一種無比的享受。雖然不是正宗的家鄉味，不過卻能同時飽足旅人的胃和溫暖旅人的心。

特洛伊遺址
Troy

　　今天的主要目標就是要到找特洛伊遺址，這種景點就是旅遊指南很不明確，但是當地人都知道的地方，所以我們決定向當地人問路。有一位路人很有趣，我們拿出木馬的圖示給他看，他就用手比往前、右轉、呱呱，就像比手畫腳的遊戲一樣。我們都沒說話，不過都懂對方的意思。翻譯成白話文就是：「木馬屠城的特洛伊怎麼走？」他回答：「直走、右轉、然後再開口問人。」哈哈，在土耳其問路是不是很有趣呀？

　　經過我們再呱呱問路人之後，找到了小巴士的乘車處，司機每一小時，會往返市區和特洛伊遺址。整點鐘一到，我們的車子就出發了。跟我們搭同一班車的，還有一位日本來的老先生，年紀看起來應該有 60 幾歲

了，我們跟他聊了一下，畢竟都是從亞洲來的鄰近國家，可惜他好像聽不太懂我們說的。

到了特洛伊遺址，入口處就能看到一座約三層樓高的大木馬，雖然知道這是後來再造的，還是十分興奮。一般人可以從階梯爬進木馬的肚子，再從木馬上的窗戶，向下探頭伸出。我們在木馬肚子裡想像木馬屠城記的場景，這個故事告訴我們的教訓就是『禮物不要亂收』。

特洛伊遺跡發現的古文物，早就被搬到博物館了，這裡只剩下破磚碎瓦。據說在一次世界大戰時，有一位德國人，對於特洛伊這個古希臘的神話深信不疑，經過一番找尋，終於在這裡挖到了特洛伊的遺址，證實了這個傳說。這個德國人將寶物都挖出運回德國，後來因為戰爭，寶物就不知去向了。考古故事充滿了神話與探險的尋寶歷程，增添了許多旅遊的樂趣。

我們依循地圖找到了過去祭祀的祭壇、宮殿以及城門。當時的特洛伊人，就是從南門去迎戰希臘的軍隊，因此南門又稱為悲壯之門。整個特洛伊城，比我想像的還要小很多，連露天的希臘劇場，都十分迷你。回程的巴士上，我跟小販買了幾個木馬的紀念品，算是在土耳其這段旅程，劃下的一個完美句點。

英國
UK

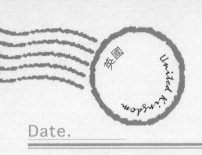

Date.

秋天的倫敦
London

　　步行來到聖詹姆士公園（St. James's Park），呈現在我們眼前的是秋天的景色，翠綠的樹葉有一部份被染成黃紅的色調，散落在草地上。松鼠們忙着將松果藏好，有時停下來左顧右盼，有時又快速爬上樹梢。公園中央也有一片偌大的湖泊，鴨鵝戲水樂在其中，倫敦的市民也很悠哉地在草坪上或坐或臥。

　　我們走到公園的另一邊，出現了一群人正在圍觀軍樂隊演奏，原來我們來到了白金漢宮（Buckingham Palace）。軍樂隊每個人都戴著毛茸茸的大黑帽，就像麥克風的頭一樣逗趣。

　　突然間，身着紅色的軍裝、佩戴軍刀的皇家騎兵隊出現了，頭上戴着銀亮的頭盔閃閃發光，每個圍觀的遊客都看得目不轉睛。接著軍樂隊開始奏樂，衛兵開始行交接儀式，整個典禮隆重莊嚴，表現出英國的軍威浩蕩。

　　我覺得英國皇室很聰明，懂得把場面搞得很氣派，讓每位參與的軍人都覺得很光榮，什麼都冠上皇家，再冊封為爵士或騎士，每個人都很願意為了榮譽替國家效命。

　　皮卡迪利大街（Piccadilly）是倫敦最熱鬧的大街，街上十分擁擠，好像所有人都跑來這裡逛街了。走過了幾個路口就到了唐人街，整條路都是華人開的餐廳，大部分是港式茶樓。離家兩個多月，早就吃膩每餐都是西方的食物。異鄉的中華料理果然忠於家鄉的味道，將記憶中的味道給保存下來了。

倫敦國家藝廊
National Gallery

　　倫敦五大美術館都可以免費入場，對於藝術的愛好者可以說是一大福音。我們來到國家藝廊（National Gallery），特點就是這裡全部的展出品都是畫作。一開始欣賞的是 12 世紀的古典繪畫，由於先前的畫作大多是宗教的內容，人文主義興起之後，作畫的主題開始轉變成以人為中心，開始出現更多用寫實手法繪製的人物肖像。一直到 15 世紀文藝復興盛期，代表人物如達文西和米開朗基羅的畫作，可以看到宗教畫作中增添了更多濃烈的人性情感。到了 17 世紀的巴洛克、洛可可藝術時期，有荷蘭畫家林布蘭特的自畫像和維梅爾的代表畫作，透過光線與光影讓畫作更富戲劇張力。最後我們還看到印象畫派莫內的睡蓮

和梵谷的向日葵等名作。經過一個早上在國家藝廊的洗禮，我們又增添了不少藝術涵養。

下午來到柯芬園廣場（Covent Garden），廣場外頭已經將聖誕樹裝飾起來了，同時還有一隻約兩層樓高的綠色大麋鹿，聖誕節的氣氛十分濃厚。廣場內有許多購物商店與餐廳，規模並不大但十分溫馨。廣場中心有一位的街頭藝人，正在獨輪車上玩雜技。沒錯，就是同時拋丟 3、4 根瓶子，還可以一邊踩着獨輪車的表演。圍觀的群眾大約有百來人，我們也跟著湊熱鬧。表演的高潮在於表演者騎上三米高的獨輪車耍雜技，隨着群眾的掌聲此起彼落，我們與倫敦市民一起共享這份歡樂。

晚餐後來到了泰晤士河畔欣賞倫敦的夜景，大 Ben 鐘發出金黃色的光彩，顯得夜晚更加明亮動人，河畔旁的摩天輪在夜間泛著藍光，十分地夢幻。散步在泰晤士河的橋上，無疑是欣賞倫敦夜景的最佳地點。

大英博物館
British Museum

大英博物館的外觀看似一座希臘神殿，我很驚訝這麼著名的博物館，竟然如此低調隱身在倫敦的巷弄間。我們進入展區之後，看到了許多埃及的文物，有木乃伊、石碑，還有從金字塔挖出的陪葬品。古巴比倫、亞述帝國，甚至是中東的伊斯蘭文物，美洲區有馬雅、墨西哥，北美的文物，各種人類文明重要的史蹟都一一展示在我們面前。

大廳中陳列許多印度的佛像，還有各種東南亞的雕像。到了亞洲區，包含圓明園的十二生肖圖，王羲之的書法真跡、唐三彩等國家寶物，都在大英博物館看到了，只能說英國人真是識貨啊！

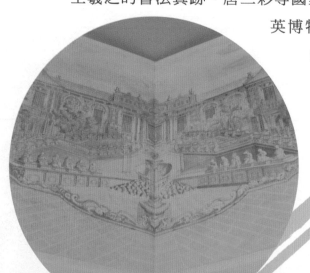

　　不過話說回來，如果當時英國沒有將這些文物運回英國博物館收藏保存，也許這些文物早就被破壞殆盡，我們也不可能來到這裡，就能將世界遺產一次看盡。大英博物館還必須負責保存和修復這些文物，我們應該感謝他們才是。

　　在我們的旅程規劃中，原本想飛到南美洲的復活島看摩艾 (Moai) 石像。這裡地下一樓的展示廳，就擺放了一 尊兩米高的摩艾石像。看到石像就佇立在我面前，彌補了我沒辦法到復活島的缺憾。

　　接近傍晚的時候，我們走到海德公園，這裡有一個聖誕市集，看起來像是臨時搭成的小型遊樂園。有雪人、麋鹿，充滿了聖誕節歡樂的氣氛。第一次看到聖誕市集讓我覺得很新鮮，在聖誕市集中閒逛，看到會唱歌的麋鹿和聖誕樹，每個人都感受到聖誕佳節即將來臨的氣氛。

日本

Japan

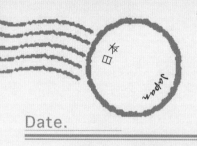

京都賞楓
Kyoto

　　今天我們使用了三日 Pass 的車票，搭電車前往京都賞楓，大約一個多小時車程就到了。在賞楓的季節，出車站後跟着人潮走準沒錯，尤其是身上背着單眼相機的旅客，單眼鏡頭越大越長，越可能帶我們到對的景點，甚至連取景的角度，都可能是最漂亮的地方。我們來到了渡月橋，從橋上看著小溪，紅色的楓葉早已長滿整個山谷。

　　受中國佛教東傳的影響，天龍寺在宋朝就搭建完成，風格跟中國的寺院很相似，卻融入日本的文化。曹元池已經列入世界文化遺產，兩旁的枝葉從明鏡般的池子倒映出來，紅與綠、黃與橘、黑與藍，色彩相當地細致有層次，令人不禁讚嘆，曹元池實在是太美了。池邊石碑題著：「掬水月在手，愛花香滿衣，觀音大士境，鳥啼喧騷稀」。看到這樣優美的詩句，誰能不陶醉呢？

　　接着步行到常寂光寺，相較於天龍寺詩意的造景，常寂光寺讓我們欣賞到的是一種純粹楓紅的美景，楓葉可以說是完全的主角。一進入寺院，我們就被五彩繽紛的楓葉吸引，樹上的楓葉有紅葉有綠葉，還染上些許黃色和赭色，寺院中帶有青苔綠的石燈與亮紅色小橋相搭配得相當雅緻。

準備從車站離開時，看到車站有一個立牌，用漢字寫着感謝台灣對日本311海嘯的捐款。台灣雖然只有兩千三百萬人口，卻是全球對日本海嘯捐款最高的國家。我們看了眼淚快流出來，感動於台灣同胞的義行，也感動於日本人做了這塊感謝的立牌。常常被國際孤立的台灣，能多交些朋友真好。

京都的花見小路十分古色古香，許多年輕的女生都會身着傳統和服和木屐走在街上，呈現出女性一種溫柔婉約的美，就好

像平時的穿著就是如此，十分融入京都的街景。在各國現代化的過程，有多少地方能像京都一樣，除了保留傳統的京都文化，還能將它與現代生活完好地相融在一起呢？

來到東福寺，這裡的楓葉已經多到成為一片海。整山整谷的紅楓快淹沒整個東福寺了，卻形成一種壯闊如排山倒海的氣勢，我很驚訝，同樣的楓紅，竟然可以呈現出這麼多不同的景色。在天龍寺可以很有詩意，常寂光寺有一種小品的美，來到東福寺卻呈現出海浪般地波瀾壯闊。

神戶泡溫泉
Kobe

姬路城又稱為白鷺城，堪稱為日本第一名城，聯合國教科文組織也將其列為世界遺產。進入姬路城的途中可以看到許多戰國時期的物品，還有代表不同時期屋頂裝飾，庭院中有古井，天守閣裡面則有武士盔甲，還有公主的起居室。為了防範敵人入侵，姬路城內部猶如迷宮一般，讓敵人進得去出不來，城中設有許多箭孔機關，還有油牆可以讓士兵從城內淋油阻嚇敵人。

姬路城目前有許多正在被修復的外牆，日本人十分重視修護的工作，就算在我們看來只是很普通的磚瓦，他們都將每一塊石磚編號，等主體結構都修復完成後，再一塊塊拼回去。有點難想像這樣大概要花多少時間去修復，不過根據他們的資料，大約要三到五年後才有辦法完全修完。

　　來到日本怎麼可能錯過泡溫泉的機會呢？我們來到以溫泉著名的有馬。剛出車站就有專車接駁我們到溫泉會館，很快就抵達了飯店大廳。換上舒適便服，放置好個人衣物後，準備來去泡湯了。來到男生的大眾池，池中早有眾多羅漢或坐或臥，呈現各種不同的姿勢，泡在泉水中讓全身筋骨通暢，只為了拋下心中對一切塵世的雜念。他們靜靜地泡在浴池中沉思著，透露出深藏不露的禪機。我沉浸在池中良久，仍舊不得其道，因此試圖移動到不同的溫泉池中，金泉、銀泉、五右衛門泉，體驗一種與自己在一起的感覺，深深地吸氣，感受池水的律動，讓泉水將我的心洗滌得更單純，靈性更貼近自然。

漫畫家的故鄉
新長田
Shinnagata

　　來到 1995 年阪神大地震傷亡慘重的新長田，這裡是日本的漫畫家橫山光輝的故鄉，當地人搭建了一座高約十五米的鐵人 28 大型機器人塑像，象徵即便受到地震的摧毀，新長田還是像鐵人 28 一樣堅毅地重新站起來。

　　除此之外，這裡還有一條以三國志漫畫為主題的街道，有孔明、曹操、孫權等石像，這些都是為了紀念橫山光輝所創建的。現代人喜歡看動漫，因為它滿足了人們的夢想與想像力。看到日本人這種化夢想為實現的做法，讓我覺得十分熱血。

新長田的街上有大阪炒麵的餐廳，男老闆很年輕，手拿着鏟子，在鐵板上用力地翻炒著麵，不時傳來昆布、醬油在快炒中散發的氣味，一盤香噴噴的炒麵就完成了，再搭配一碗道地的昆布味噌湯，真是一盤美味又精采的大阪炒麵。

這幾天跟老婆在日本到處吃吃喝喝，體驗當地的生活，我發現日本人的店員都很有禮貌，每天都聽到「阿里呀多苟哉伊媽～～～（延3秒）」在我耳邊此起彼落，連我都不知不覺受影響，也學會禮貌的回應他們，「苟哉伊媽～～～（延3秒）」。在日本的遊歷期間，我更能了解早期受日本文化影響的台灣人，無論在生活還是文化，很多的台味其實是夾雜着日味的！

抹茶的故鄉
宇治 Uji

走過宇治橋來到源氏物語的博物館，一開始導覽人員帶我們到放映室，播放源氏物語的背景介紹，讓我們更了解這本小說對於日本文化的影響。源氏物語是日本古典文學的經典，是一本描寫宮廷中的愛恨糾葛的小說，書中的愛情故事在日本更是家諭戶曉，影響日本文化十分深遠，它的文學地位大概等同於紅樓夢在我們心中的份量。印象中宇治就是日本美食的另一個代名詞，抹茶的故鄉。我們在宇治車站買了兩支抹茶冰淇淋來吃，真是甜點中的極品，美味極了。

平等院是宇治另一個世界文化
遺產，這間寺院的建築十分特別，
屋頂上的屋簷有兩隻鳳凰，因此又
稱為鳳凰廳。平等院沒有楓樹，只
有翠綠的松樹伸展出各種姿態，反
而讓我們感受到平等院的文化深度
和禪意。

賞楓的季節自然不可錯過清水
寺，才走到清水寺外圍，賞楓的人
潮又出現了，排成一條長長的人
龍。來到清水寺，此時賞楓的心境
又不同了，前幾天賞楓是帶著新奇
與興奮的心情，但隨著旅途越來越
接近尾聲，就更珍惜眼前的一景一
物。此時飄落的楓葉，都帶給我一
種捨不得離去的感傷，雖然視覺上
欣賞的是楓葉，卻感受到它瞬間逝
去的美。

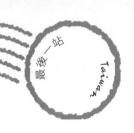

最後一站 回家
Taiwan

今天就要搭機從日本返回台北，準備登機前，我們在關西機場正式宣告環遊歐亞 80 天的旅程，成功地劃下了完美句點。這趟旅程讓我知道這個世界很精采，既使語言不通，只要有心溝通，在哪裡都可以交到朋友，只要用心留意，處處都可以是美麗的風景。這是一趟冒險之旅，也是再一次的蜜月旅行，是一趟瀏覽世界之旅，也是兩個人心靈的成長之旅。自助旅行就像是航行在大海，我們無法預設旅途中會發生什麼狀況，但是舵是掌握在自己手中的，我們有自主權去發揮自己的創意，讓這趟旅程卓越非凡。

完成旅程的當下，心情其實是十分複雜的，就像剛剛搭完雲霄飛車一樣，一部分是興奮於成功地經歷這段旅程，然而到站的意義卻也代表一種結束。內心還十分激動於剛剛經歷的冒險，卻開始解開扣環，從雲霄飛車的座位站起身。

走過許多國家再次回到台灣，沒有巴黎雅緻的鐵塔，也沒有義大利壯闊的古蹟；沒有西班牙高第奇幻的建築，也沒有京都怡人的楓葉。然而回到家鄉的滋味是無與倫比的，台灣絕對是我們到過最棒的地方，無論我們走得多遠，最後還是要回到這個溫暖的家。

附錄

環遊歐亞 80 天 Journey around Eurasi

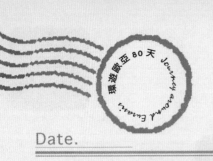
心態篇

　　雖然每個人所擁有的金錢、時間、健康的條件都不同，隨著網路越來越發達，有許多便宜的旅遊工具如廉價航空和青年旅館可以幫助旅人節省大量的金錢，再加上這兩三年以來，進入歐盟國家、日本還有英國、美國都已經免簽證了，如果你想完成自助旅行的夢想，門檻可以說是越來越低了！

　　自助旅行的三大要素就是本人、本事和本錢！本人就是自己要有時間，只有在自己健康狀態無虞，心態上願意冒險探索世界，才能擁有完全屬於自己支配時間的自由！本事就是要勇於接觸陌生環境，學習跟外國人一樣生活、搭車、用餐或玩樂，同時確保安全，能夠照顧好自己和同行的旅伴，能夠隨機應變，隨遇而安！本錢就是要有充足的旅費，足以完成整個旅程中所需的食宿與交通的花費。如果什麼都沒有也沒關係，那至少要做到一點，就是放得開！

　　最簡單的自助旅行技能，就是知道怎麼過馬路、坐捷運、在公園散散步。再進階一點，就是知道怎麼坐火車、訂飯店、注意自己財物和人身的安全。自助旅行高手，就是學會怎麼訂好單一國家的來回機票和飯店，知道如何到

Date.

　機場過海關，既使語言不通也一樣好吃好睡。當然也不是
每個人都適合一下子就跳到自助旅行，某些交通不是很發
達的地方，還是參加旅行團比較方便。

Date.

行前準備篇

行前規劃評估

　　你想去哪些國家？是否都有簽證？是否有安全或疾病的威脅？季節氣候是否適合？如果加上景點與物價考量，應該在該國待幾天？你的旅伴是誰？是否能使旅途中更安全、更便利、更省錢、或是更有趣？

設定你的平均日花費

　　依照你所去的國家、住宿、景點、餐飲的花費設定你的平均日花費吧！當你熟悉了如何估計你的機票花費、飯店、及其他旅途上的花費，你就可以設定你的平均日花費！比如我們的行程，機票訂好之後就已經確定會花 9 萬元。住宿其實會佔旅費比重比較高，我們大約有 30 天住在 3~4 星級的旅店，其餘住在便宜的青年旅館共花了 16 萬，吃飯再加上其他的門票或是交通費合計 15 萬，兩個人 80 天的環遊歐亞旅程總共花了 40 萬，平均每天每人花費 2500 元。

Date.

了解你的旅遊國家

務必上外交領事局的網站 http://www.boca.gov.tw/mp？mp=1 查詢最新的旅遊警示是否適合前往你想去的國家，如果有戰亂或是流行疾病的威脅，就盡量避免前往紅色旅遊警戒，可能危及自身安全的國家。此外，這個網站也提供護照申請與國人免簽證的國家，十分實用！比如說，原先去歐盟國家要申請的申根簽證，還有英國和日本這兩年來都已經改成免簽證，免費就可以入境這些國家了，對於自助旅行者來說等於費用大幅降低，也使得環球旅行變得更容易！但是切記入海關時，要將旅遊的規劃行程交代清楚，確定進入該國有下榻飯店的地址以及訂購好回程的機票，如果你只有買單程機票，海關官員會拒絕你入境，那可會造成自己又要搭機遣返的窘境！

了解簽證

當然也有許多需要簽證的國家，可以自己準備相關證件跟相關單位辦簽證。例如我就曾經自己帶着照片和簽證費到台北信義區附近的土耳其辦事處辦理好土耳其的簽證，表格上需要將個人資料班機號碼及抵達日期都翻譯成英文填寫，完成後交給收件人員，三天後再來取件就輕鬆取得土耳其的簽證了！以土耳其的簽證來說，唯一要注意的是

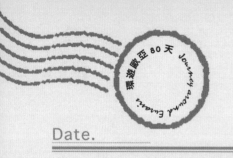

簽證的有效期是核發的三個月內准許你入境，入境後停留天數不得超過一個月。有些難度更高的俄羅斯簽證，則需要有認識該國的推薦人或是官方指定的旅行社才能夠辦理，有興趣的人也可以挑戰看看囉！

機票篇

訂票認知

　　你能買到機票的花費成本，和航空市場的現狀、油價、國與國之間交流的密切程度都息息相關！旅行天數越長，長途機票占你平均日花費的成本就越低！越早預訂機票越便宜，通常是 1 ～ 2 個月以前預訂最便宜。另外一點就是越沒彈性越便宜，廉價航空的機票，通常訂購完成和付款後，是沒辦法退款，也沒辦法更改日期。

　　舉例來說，當初我想去土耳其，就測試了不同的歐洲國家飛到伊斯坦堡的票價。結果發現英國、德國就是明顯比其他歐洲國家去土耳其便宜很多！從德國去俄羅斯最便宜，從瑞士去埃及也很便宜！英國飛美國比較容易找到便宜機票，當我從歐洲回亞洲的時候，是從英國經義大利轉機到日本最便宜！也許可以從機票票價看出國與國的交流程度，或外交上友好的關係，其實也滿有趣的！

　　通常買來回的機票才會便宜，單程的機票會很貴，如果能善用廉價航空便宜的單程機票，將多段的單程機票連結起來，環遊世界遊覽多個國家，只是順時鐘將各個國家串連起來。例如台北飛倫敦、倫敦飛紐約、紐約飛雪梨、雪

梨飛台北！市場上也有星空聯盟和環宇一家的環遊世界機票，有興趣的人也可以考慮這一類的機票。

認識廉價航空

廉價航空在歐洲普及的程度，就像坐火車坐巴士一樣，因為一趟巴黎飛羅馬的單程機票，提早預訂可能只要 50 歐元（約 2000 台幣），如果花一萬元，可以讓你在歐洲內陸遊五個國家，你還不心動嗎？

歐洲比較知名的廉價航空業者有 Ryan Air & Easy-Jet，亞洲比較知名的有 AirAsia & Jetstar，他們很有效率地的提高飛機的週轉率，對旅客的行李按重量計費來節省油耗的浪費，讓客戶自己登錄資料來節省人力，所節省下來的成本就能提供給旅客更低價的機票！此外，為了減少飛行事故所造成的賠償，廉價航空會更注重飛行安全，飛機有些甚至都還是新機。我還看過飛機一從跑道降落，所有裝卸行李、加油的機組就馬上靠近飛機，猶如 F1 賽車進入維修站，馬上就要讓賽車呈現最佳狀態，繼續回航道上飛行！

跟一般航空公司比較不同的是他們會對你攜帶的行李尺寸和重量斤斤計較，還有要自己上網登錄你的登機資料或稱為 Online Check in，自己印登機證 Boarding Pass。

Date.

　　此外，廉價航空的機場有時候會離市區比較遠，會多了機場巴士的接駁成本，有時候因為起飛的時間很早，也不得不將飯店安排在機場附近，機場巴士和飯店的成本雖然不多，也必須考慮廉價航空銜接上所花費的時間和成本喔！

如何訂購廉價機票

　　使用網站 www.Skyscanner.com 訂購廉價飛往歐洲的機票。

　　由於曼谷有許多航班直飛歐洲，所以我們試著搜尋台北飛往曼谷的票價，接著再搜尋曼谷到歐洲的航班，例如飛往德國、法國或英國。

搜尋台北到曼谷的機票

STEP 1.

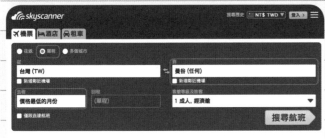

1. 點選單程，輸入從台灣到曼谷，選擇價格最低月份，系統會搜尋出全年票價最便宜的月份
2. 按下搜尋航班

2016年3月旅遊好去處！

三月花季正走，旅遊賞花好去處！

10大新興熱門旅遊景點！

亞洲有七個景點上榜2016年十大新興熱門旅遊景點，且生活的第三個，來看看那些是...

廉價航空行李知多少？

亞太區各家廉航隨身行李如何規定？機票如何退冷瞞？廉航為你解答？

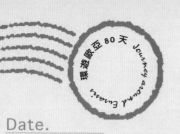

Date.

STEP 2.

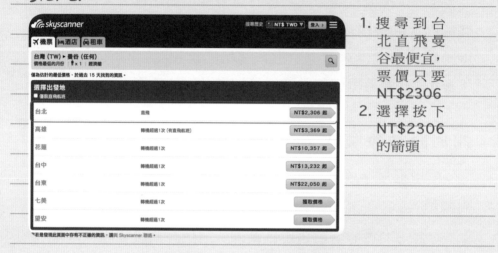

1. 搜尋到台
   北直飛曼
   谷最便宜，
   票價只要
   NT$2306
2. 選擇按下
   NT$2306
   的箭頭

STEP 3.

1. 按下出發的
   捲軸，畫面
   會列出，各
   月份最便
   宜的票價。
   由此可知，
   2 月到 10
   月都可以
   找到 3000
   元左右的
   票價。

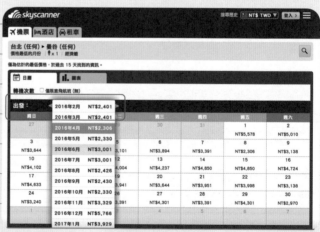

Date.

搜尋曼谷到歐洲的機票

STEP 1.

1. 再一次回到首
   頁,點選單程,
   輸入從曼谷到
   世界各地,選擇
   價格最低月份
2. 按下搜尋航班

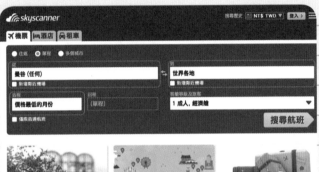

STEP 2.

挪威	NT$5,134 起	>
瑞典	NT$5,296 起	>
尼泊爾	NT$5,383 起	>
阿拉伯聯合大公國	NT$5,402 起	>
巴基斯坦	NT$5,574 起	>
丹麥	NT$6,021 起	>
俄羅斯	NT$6,176 起	>
荷蘭	NT$6,814 起	>
德國		∨
柏林	轉機超過1次	NT$6,814 起
科隆	直飛	NT$6,897 起
慕尼黑	轉機超過1次 (有直飛航班)	NT$9,704 起
漢堡	轉機超過1次	NT$9,910 起

1. 發現從曼谷
   到世界各地,
   飛到挪威、瑞
   典或丹麥只
   要 NT$6000
   左右,基於交
   通及天候考
   量,我選擇直
   飛德國的科
   隆,票價 NT$
   6897。
2. 選擇按下德國
   科隆的 NT$
   6897。

1. 由此可知最低價的機票在七月五日，如果時間上無法配合，可以點選出發的捲軸

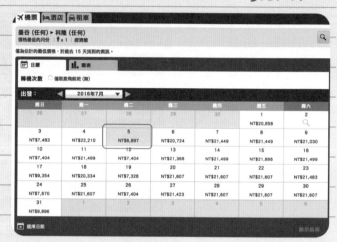

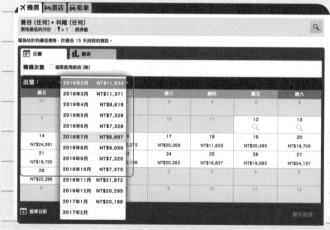

2. 出發日期從4月到10月票價大約7000～9000元，票價雖然不是最便宜，卻多了很多彈性可以選擇航班日期。

3. 不過要注意，網站價格會隨時變動，因此有時候隔一兩天，會發現票價又便宜了或突然變貴

Date.

STEP 4.

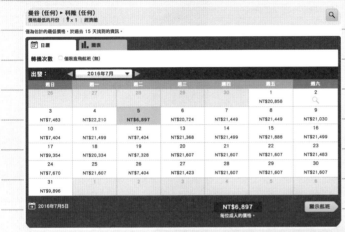

1. 選擇七月五日的方格,點選顯示航班時間和抵達時間,出發地點是曼谷的汪速那普機場

2. 出現了售票公司 SunExpress,起飛的日期和時間,直飛到目的地!

3. 點選詳細資訊

Date.

STEP 5.

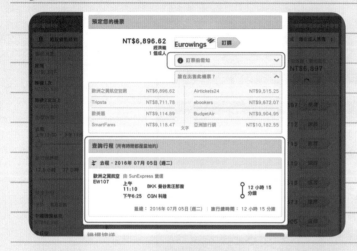

※ 畫面下方出現航空公司提供關於機票的詳細資訊，字不多，但是每一個字都很重要。

1. 日期是 2016 年 7 月 5 日，絕對不能弄錯。

2. 起飛時間和抵達時間，要注意起飛會不會太早，抵達時間會不會太晚，太早或太晚可能會沒有車可以坐。

3. 從曼谷汪速那普 BKK 機場出發，抵達德國科隆的 CGN 機場。最好查詢一下機場代號和全名，確認機場位置及交通資訊。

4. 如果都沒問題，點選訂票前須知

5. 請看清楚訂票前須知，票價是否含稅金，是否還會收取其他費用。例如某些廉價航空的報價並不包括行李餐點還有訂位費用。

6. 訂購前請確認價格跟幣別無誤

7. 最後記得規劃回程的班機，如果無法順／逆時針將班機串接回國，請重新搜尋來回機票，不要賺了去程卻貴了回程就得不償失了！

8. 如果回程班機也沒問題了，就可以按下綠色的訂位鍵，完成訂票的程序。

訂票要訣

使用網站 www.Skyscanner.com 訂購廉價飛往歐洲的機票。

使用 Skyscanner 網站訂票的確可以搜尋到單程的便宜機票，請花點時間模擬每段班機配合自己想旅行的國家，確定能順利的串接起來，再將所有機票一次訂購完成！切記不要隨便按訂票又退出，訂票網站可是會隨著訂位的熱門程度調整價格，訂票切記要快、狠、準！

旅館篇

　　旅館的種類和選擇有很多種，通常依據自己的旅行來選擇適合自己的旅館最恰當！考量一個優質的旅館，可以從事前的評估判斷所做成的決定，到實際下榻使用後的評估，最好的選擇就是實際下榻後的品質優於預期！

　　Hotel 通常以星級來標示好壞，不過還是要依照 Hotel 距離市區位置，附近是否有火車站、捷運容易到達和撤退，空間是否舒適乾淨，功能是否齊全具有網路早餐？還有價格是否符合預算？旅館是否有山景或海景而能增添樂趣？這些都是訂購旅館前可以列入考量的。當然有些事先無法知道的，就是 Hotel 附近是否有在施工，Hotel 位於鬧區是否安靜？那就只能碰運氣了。

　　青年旅館 Youth Hostel 的特點是比較實務取向，便宜但是必須跟他人共睡一房，共用衛浴，甚至是自己更換床單。但是空間有時候比旅館房間大很多，有廚房可以自己下廚，體驗當地季節食材，有洗衣機可以清洗烘乾衣服，有機會跟各國的朋友認識，交換旅遊的資訊！功能比較好的青年旅館還會自己自製地圖，讓旅客很容易瀏覽這個城市的觀光景點，有的會提供當地特色的活動或酒吧，

免費早餐和無線網路幾乎都已成為青年旅館的基本服務。因此在選擇上最好依據不同的旅遊需求，來選擇 Hotel 或 Youth Hostel 青年旅館，如果想規劃悠閒渡假去欣賞山景或海景，Hotel 的舒適度就很重要。如果隔天需要很早登機，則考慮住在機場附近的 Hotel，有 24 小時的櫃檯較方便提早 checkout，或是提供機場接駁的服務。有時候因為想自己享受下廚樂趣或是有很多衣服要洗，就必須選擇提供廚房或洗衣機的青年旅館。我通常都會依照距離市區位置、附近是否有火車站、捷運，空間是否舒適乾淨，功能是否齊全、具有網路和早餐？還有價格是否符合預算等不同的需求，來決定下榻的地點。其中最高的指導原則，就是善用旅館的資源來幫助你的旅程更順利、更愉快。例如問路、換匯、寄放行李、列印登機證、提供旅遊資訊，甚至請他們幫你跟當地人溝通，通常他們都很樂意協助旅客。

Date.

其他參考資訊

換匯

　　通常剛到一個陌生的國家，第一件重要的事情可能就是換匯，往往剛進入這個國家的機場或是車站，就是你換匯最方便但卻最可能吃大虧的地方，不但匯率比市價貴 17%~20% 還加收手續費。因此切記不要再剛進入這個國家的機場或是車站大筆換匯，以免當冤大頭。最多換一些零錢，就足夠坐捷運或巴士了，離開車站後，再到對自己換匯最有利的櫃檯兌換。

善用各國所推出的 Pass

　　只要買各國所推出的火車 Pass、捷運 Pass 、博物館 Pass 一定能省錢嗎？答案是不一定！其實要看 Pass 的優惠程度和個人使用度有多高，有時候買一般的火車票雖然沒優惠，但是沒有時間壓力。如果沒有逛很多博物館，單獨買門票反而可以逛很久很深入，重點還是要做功課，了解各種 Pass 的使用範圍，以及了解個人使用度有多高。

Date.

餐廳

　　餐廳用餐後，結帳時通常會有許多附加的費用，例如法國或是英國的餐廳通常會收小費，德國不但不收小費，而且會很精確地找錢給你。在義大利喝咖啡，通常在吧台站着喝不另外收費，但是在店內坐着喝，就要另收費用！由於很多歐洲人都喜歡坐在戶外享受陽光，所以坐在戶外用餐，有時候比在室內用餐還貴。最重要的一點，無論店家可能跟你加收什麼費用，一定要將帳單的細項看清楚，是否你所點的餐點都有在上面？總價對不對？商家對於不精明的旅客可不會手下留情，因為旅客不精明就是自己活該。

行李準備

　　一般而言，旅行的天數與你要帶的行李箱大小成正比，旅行的天數越長，就需要越大行李箱來裝行李，但是像我們這樣 80 天的長期旅行，是不可能有任何一種行李箱可以將所有東西都帶齊，帶越多行李去旅行，負擔就越重，所以早早放棄旅行箱的迷思，才能真正享受旅遊的那份輕鬆自在。我的建議是只帶幾件能克服炎熱和寒冷氣候的隨身衣物，在旅途中想辦法洗衣服，許多國外的青年旅館都設有自助洗衣機，通常也具有烘乾的功能，至於其他沒帶齊的生活必需用品，到了當地在跟商店買，大部分都可以買得到。

Date.

旅費

　　我們回國後，許多人好奇的問題就是我們花了多少旅費，其實花費的旅費遠低於我們的想像，我們一人準備三十萬預算出國，回國後結算才知道，其實一個人才花20萬。足夠的旅費對於旅行者來說很重要，但是絕對不是最大的障礙！

Date.

國家圖書館出版品預行編目資料

環遊歐亞80天 / 黃新庭
--初版-- 臺北市：博客思出版事業網：2016.8
ISBN：978-986-93139-5-7（平裝）

1.遊記 2.世界地理

719   105010596

生活旅遊 7

環遊歐亞80天

作　　者：黃新庭
編　　輯：塗宇樵
美　　編：塗宇樵
封面設計：塗宇樵
出 版 者：博客思出版事業網
發　　行：博客思出版事業網
地　　址：台北市中正區重慶南路1段121號8樓之14
電　　話：(02)2331-1675或(02)2331-1691
傳　　真：(02)2382-6225
E—MAIL：books5w@gmail.com或books5w@yahoo.com.tw
網路書店：http://bookstv.com.tw/、http://store.pchome.com.tw/yesbooks/
　　　　　http://www.5w.com.tw、華文網路書店、三民書局
　　　　　博客來網路書店 http：//www.books.com.tw
總 經 銷：成信文化事業股份有限公司
電　　話：02-2219-2080　　傳　真：02-2219-2180
劃撥戶名：蘭臺出版社 帳號：18995335
香港代理：香港聯合零售有限公司
地　　址：香港新界大蒲汀麗路36號中華商務印刷大樓
　　　　　C&C Building, 36,Ting, Lai, Road, Tai,Po, New,Territories
電　　話：(852)2150-2100　　傳真：(852)2356-0735
總 經 銷：廈門外圖集團有限公司
地　　址：廈門市湖裡區悅華路8號4樓
電　　話：86-592-2230177　　傳真：86-592-5365089
出版日期：2016年8月 初版
定　　價：新臺幣360元整（平裝）
ISBN：978-986-93139-5-7